"十二五"国家重点出版物出版规划项目
国家汉办新世纪汉语本科系列教材研发项目
汉语言专业本科系列教材·商务类

高级商务汉语会话教程
BUSINESS CHINESE: ADVANCED CONVERSATION

刘丽瑛 编著

 汉语言专业本科系列教材

编写委员会

主　编　郭　鹏
副主编　崔　健　许　皓　赵　菁
编　委　（按姓氏音序排列）
　　　　崔　健　郭　鹏　金海月　刘谦功　刘苏乔　沈庶英　舒　燕
　　　　王　锐　魏新红　许　皓　张亚茹　赵　菁　赵　雷　朱　彤
商务汉语序列执行主编　许　皓　沈庶英

编辑委员会

主　任　张　健
副主任　王亚莉　陈维昌
各序列负责人（按姓氏音序排列）
　　　　陈维昌　付彦白　刘艳芬　王　轩　王亚莉

教育不是灌输

而是点燃火焰

——苏格拉底

©2012 北京语言大学出版社，社图号 12216

图书在版编目（CIP）数据

高级商务汉语会话教程 . 上 / 刘丽瑛编著 . -- 北京：
北京语言大学出版社，2012 . 12（2025.8 重印）
　（尔雅中文）
　ISBN 978-7-5619-3426-5

Ⅰ.①尔…　Ⅱ.①刘…　Ⅲ.①商务－汉语－口语－对
外汉语教学－教材　Ⅳ.① H195.4

中国版本图书馆 CIP 数据核字（2012）第 294104 号

"十二五"国家重点出版物出版规划项目

尔雅中文　高级商务汉语会话教程·上
ERYA ZHONGWEN GAOJI SHANGWU HANYU HUIHUA JIAOCHENG·SHANG

排版制作：	北京创艺涵文化发展有限公司
责任印制：	邝 天

出版发行：	**北京语言大学出版社**
社　　址：	北京市海淀区学院路 15 号，100083
网　　址：	www.blcup.com
电子信箱：	service@blcup.com
电　　话：	编辑部　8610-82303647/3592/3395
	国内发行　8610-82303650/3591/3648
	海外发行　8610-82303365/3080/3668
	北语书店　8610-82303653
	网购咨询　8610-82303908
印　　刷：	北京市金木堂数码科技有限公司

版　次：	2012 年 12 月第 1 版	印　次：	2025 年 8 月第 9 次印刷
开　本：	889 毫米 × 1194 毫米　1/16	印　张：	11.75
字　数：	274 千字		
定　价：	55.00 元		

PRINTED IN CHINA
凡有印装质量问题，本社负责调换。售后 QQ 号 1367565611，电话 010-82303590

总 序

《尔雅中文——汉语言专业本科系列教材》（以下简称《尔雅中文》）是面向以汉语作为第二语言的学习者的汉语言专业本科学历教育教材，是继上世纪90年代至本世纪初出版的《对外汉语本科系列教材》之后推出的新一代大型系列教材。

近年来，国际职场对复合型汉语人才的需求猛增，对专业建设、教学改革、课程建设以及教材编写都提出了新的要求。我们顺应这一发展趋势，将汉语言专业的人才培养目标由以往单纯强调语言技能的"汉语专门型人才"调整为目前的具备"语言＋专业"复合能力的"汉语通用型人才"，在汉语言专业陆续增设一些新的方向，凸显出汉语言专业课程体系的时代特色。但是，我们充分认识到，对于汉语言专业的学生而言，核心问题仍是如何更有利于自身语言能力的提高，特别是语言交际能力、认知能力、跨文化交流能力等综合性、复合型能力的提升。因此，虽在语言技能、语言知识课程外增设了较为系统的历史文化、国情社会、经济商务等方向课程，但是，这些课程不是仅用来灌输知识的，而是为更好地扩展语言能力而服务，以语言能力培养为核心的理念并未改变。

《尔雅中文》教材体系与专业课程体系紧密相连，包含了横向和纵向两个序列：横向上，在不断完善语言技能、语言知识、文化系列教材的基础上，增设了较为系统的商务、翻译、教学等专业方向的专业语言技能和专业知识教材；纵向上，建立起更为缜密的综合课与听、说、读、写、译各分技能课的一至四年级的梯度等级，平衡了一般技能课跟各序列的专业技能课、知识课的比例。横向与纵向协调发展，形成了汉语言专业本科大型教材的网状系统，最大程度地体现出专业教学的系统性、关联性、层级性和针对性，也为以汉语言专业为依托、面向汉语作为第二语言学习者的本科专业群的建设奠定了坚实的基础。《尔雅中文》教材相对应的课程序列与梯度等级如图所示：

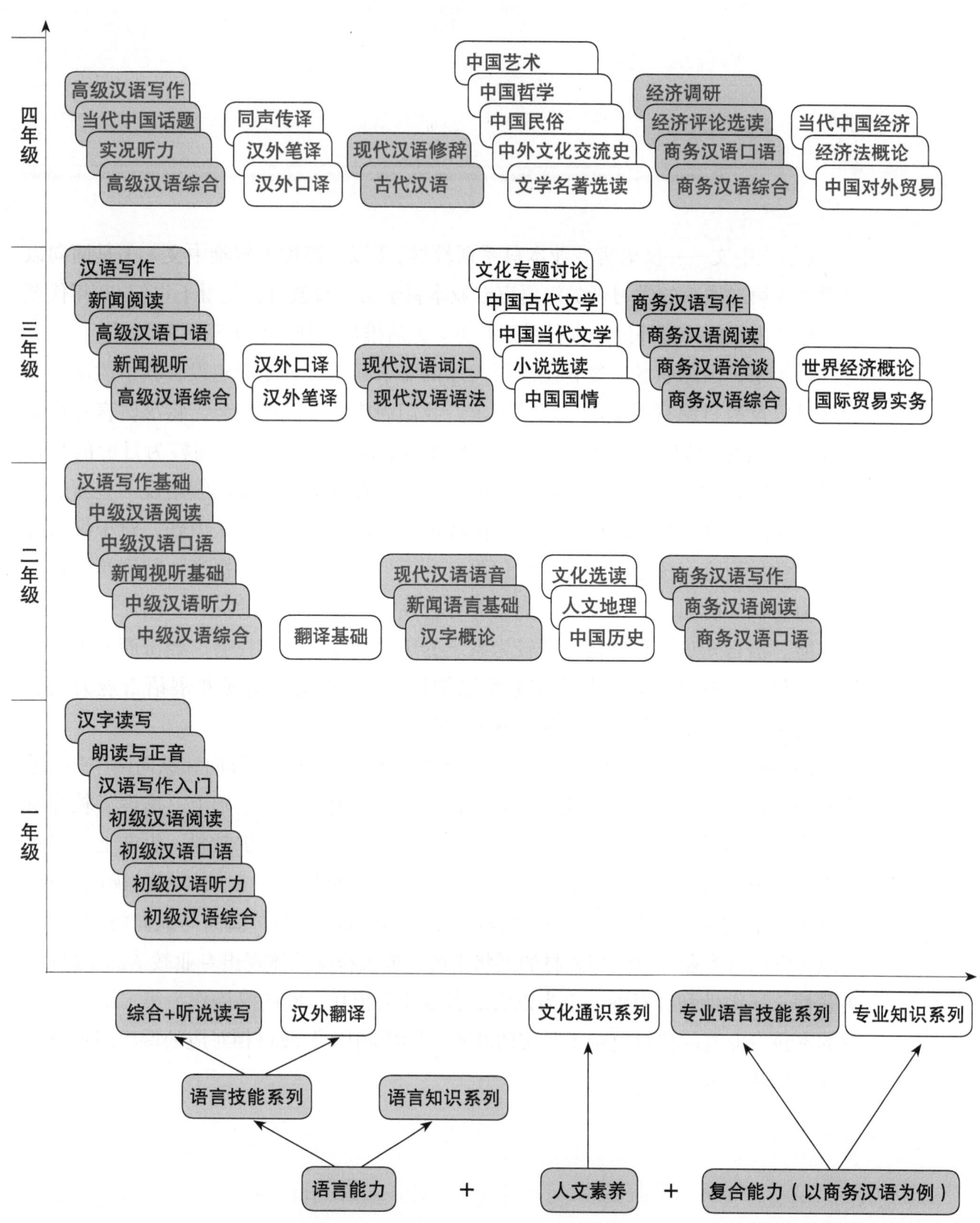

《尔雅中文》系列教材在继承上一代《对外汉语本科系列教材》长处的同时，更加贴近现实社会需要和学习者的需求，也融入了近些年汉语言专业课程建设与教学改革的多方面成果，从而呈现出崭新的面貌，形成了自己的特点。概括起来有以下四点：

一、总体设计更具系统性和前瞻性，最大程度地反映出专业人才培养的新目标

语言技能、语言知识、文化知识、专业语言技能、专业知识五大板块既相互关联，又各自独立。语言技能课程贯穿始终，凸显以养成语言能力为主的专业发展理念；文化知识序列不断丰富，体现出对汉语国际教育本质的全面认识，自觉地将提升人文素质、培养全面发展的人作为汉语言专业本科教育的最终目标。专业技能和知识课程在中高级阶段逐步增加，循序渐进，实现由初级的"语言技能＋语言知识"基础能力向中高级的"语言＋专业"综合能力的自然过渡。同时，各专业方向的教材都具有自身特色，自成体系，体现了统一中的多样性，也体现了专业人才培养模式向厚基础、宽口径、复合型的转变。

二、语言技能序列的设计更具延展性，结构更加合理

作为面向汉语作为第二语言学习者的汉语言专业本科系列教材，由汉语综合技能与以"听、说、读、写"分立形成的各分技能训练无疑是其主干部分。这套教材的设计与编写，不仅填补了中高级阶段"听、说、读、写"分技能教材的诸多空白，而且增强"译"这一重要的技能，形成了"听、说、读、写、译"各自独立并相互关联的完整的分技能序列。与此同时，初、中、高各教学阶段逐层递进，且横向延伸，使得语言技能教材序列更加协调和完整。由于汉语综合课以及听、说、读、写、译各技能课都自成体系，具备面向初、中、高三个阶段、四个年级的多层级和覆盖面广的特点，因此，教材的使用范围、对象就不限于本科学历教育，而是对各种层次和需求的中文学习者都具有不同程度的适用性，可以各取所需。

三、强化以学习者为中心的教材编写意识，跨文化视角更加突出

编写者大都为多年从事汉语作为第二语言教学工作的资深教师，基本上都具有海外汉语教学的经历，对不同课型的教学原则和实践策略有着较为深入的了解和体会，对大量的同类汉语教材的编写理念以及教学法、跨文化交际理论等做过前期研究。从教师规划学习内容、层级、知识点，到编排教材中的练习及设计课堂活动，尽量从学生学习的视角和跨文化的视角去安排、镕裁，换言之，更加重视教材编排跟教学过程、习得过程与效果的关联程度，使语言及文化、商务的教材内容丰富而生动，以提高学生主动学习的兴趣以及课堂活动的参与度。

四、通过调查统计、大纲设计和试用试验等环节，使教材编写有章可循，科学实用

新一代汉语言专业本科系列教材的编写工作启动于2007年，首先对原有教材、国内外市场同类教材的使用情况进行调研。编写者均为相应课型的任课教师，且大多参与过上一代教材的编写工作，对任务轻重和努力方向都有较深的体会。同时，组织资深的教学研究专家以及语言、文化、商务、翻译等领域专家，与教材编写小组共同研讨，确立各部教材的基调，审阅推敲文稿，斟酌取舍。教材编写过程较长，各位作者付出了大量心血，已编成的教材提交出版前大多试用过几个学期，对象涉及来自世界上80多个国家和地区的上千名留学

生，每学期试用后，教师都会汇总情况，分析研究，做出适当的修订、更新。

大纲是教材编写的重要前提，并贯彻于整个编写过程。教材与大纲处于动态关系之中，大纲统摄教材，但并非一成不变，教材编写促使大纲趋于完善。本系列教材主要参照《高等学校外国留学生汉语言专业教学大纲》（2002）和《新汉语水平考试大纲（1-6级）》（2009、2010），同时参酌各类语言大纲、框架、标准、词表、调查报告等研究成果，其中的各个序列、各部教材都按照自身性质与类型，研制了便于操作的词汇、语法、功能及话题大纲，既自成一体，又相互照应。对此，各部教材都有自己的编写前言，会做更详细的说明。大纲编订与教材编写相辅相成，教材一面世，大纲也随即推出，如商务汉语方向的教材编写者同时研制出版了《经贸汉语本科教学词汇大纲》（2012），文化大纲的编订也与教材编写协调配合，这些使得教材编写的科学性和内在系统性得以保障。

根据不同的课程性质和专业方向，《尔雅中文》系列教材划分为四大序列：汉语言技能与知识；汉外翻译；文化通识；商务汉语。翻译往往被视为一种语言技能，原本可归入语言技能与知识序列，但鉴于翻译能力是一种复合能力，翻译类课程及教材在一至四年级自成一统，翻译综合课、口译课、笔译课等体系完备，且涉及多个国别，所以这里单列出来。

北京语言大学面向留学生开办汉语言专业的本科学历教育，始于上世纪70年代末，其成长过程历史地见证了中国改革开放以来汉语国际教育的发展。历经几代人的辛勤努力，2008年9月，汉语言专业被批准为国家级高等学校特色专业，2010年7月，汉语言专业教学团队被评为国家级教学团队。这套教材的大部分编著者均出自这一专业团队。汉语言专业的每一步改革与创新，都离不开北语几代对外汉语教育工作者的关心与鼓励，离不开学校领导及海内外专家的大力支持。这里要特别感谢北京语言大学出版社董事长戚德祥、总编辑张健和各位责任编辑，这套教材历经数年终于得以问世，跟他们的严谨态度、耐心督促和细致工作密不可分，而教材得以入选新闻出版总署"十二五"国家重点出版物出版规划项目，正是教材编写规划团队与编辑出版团队精诚合作的结果。

系列教材取名"尔雅"，众所周知，《尔雅》是中国古代汇集分类专门词语以供人学习的经典，这里取其字面义，"尔"通"迩"，"尔雅"指趋于雅正、得体。语言学习不可一蹴而就，而是一个不断接近目标语和目标文化的累积过程，或许正因如此，英人威妥玛（Thomas Francis Wade）将其所编的汉语口语和书面语教材命名为《语言自迩集》和《文件自迩集》。我们编写新一代汉语言专业本科系列教材，同样是希望学生通过系统的学习，逐渐接近目标语言与文化，获得较强的跨文化交流能力，最终不仅要达到较高的汉语水平，而且要更加深入地了解中国社会政治经济和历史文化。

是为总序。

郭　鹏

于北京语言大学

本册序

近年来，汉语正以前所未有的态势在世界上迅猛传播，为世人所瞩目。在当今英语已成为世界通用语言的局面下，汉语要成为世界广泛应用的语言，尚待时日。然而，值得关注的是，外国人学习汉语的动机，正日趋多样化。在某些应用领域，显现出为职业需求而学习汉语的趋向。随着社会的需求，汉语已从以往汉学研究的工具，一跃而成为具有实际应用价值的语言，这是一个可喜的飞跃。商务汉语，或称经贸汉语的应运而生，蓬勃发展，就是明证。

商务汉语教学，是一种特殊目的汉语教学，也称专用汉语教学。这是汉语作为第二语言教学中一种特殊的教学类型。商务汉语课程，是为具有一定汉语基础的外国学习者开设的专业语言课程。商务汉语教材，是以商务知识为背景的汉语语言教材。随着汉语加快走向世界，学习需求的不断多样化，各类专用汉语的课程与教材，还会不断涌现。目前已活跃在业内的科技汉语、旅游汉语、文秘汉语、少儿汉语、艺术汉语等课程，便是适应学习者需求而开设的，时势使然，且前景看好。

专用汉语教学，既然是一种特殊目的汉语教学，对教师和教材也就有着特殊的要求。为此，近年来学界召开了多次商务汉语教材、教学及课程建设方面的研讨会，全国乃至世界各地从事商务汉语教学和教材编写的人员纷纷参与其中，共商商务汉语教学相关问题，成果颇丰。在商务汉语的性质、特点的确立上，取得了共识；在教材编写理念与编写思路，商务汉语课程设置与教学方法，以及商务汉语师资培训等方面，思想活跃，多有新见识。

商务汉语教学作为汉语二语教学的分支，对从事商务汉语教学的教师，除一般入职入岗条件要求外，还有特殊的要求。即要求商务汉语教师既要有扎实的汉语本体知识，厚实的中华文化素养，掌握有针对性的独具特色的教学方法，还要掌握一定的商务专业知识。而编写商务汉语教材的人，则更应是商务汉语教学的行家里手。

刘丽瑛老师从事对外汉语教学工作三十多年，一直为汉语专业四年制本科生经贸汉语方向学生授课编教，几十年如一日，沉浸于商务汉语教学之中。先后共参与四套商务汉语教材的设计与编写，积累了丰富的经验。商务汉语教学与教材编写一直萦绕于心中，寝馈不弃。对商务汉语教学的特点与规律，了如指掌，旨意尽窥。集多年积累，终成《高级商务汉语会话教程》。期间披阅数载，数度修改，试用多年，受到了使用者的一致好评。

教材甫一草就，刘老师就送到我面前。我阅读一过，深感教材颇具特色，是商务汉语教材走向细化和深化的标志性成果。前有张晓慧主编的《经理人汉语》，今有刘丽瑛主编的《高级商务汉语会话教程》。姊妹相伴，辉映成趣，使商务汉语教材更具有针对性，更加适合学习者的需求。《高级商务汉语会话教程》颇有新意，特色鲜明，概括如下：

一、以谈判用语为主体，新颖、实用、吸引人。教材使用对象明确，定位清楚。从编写思路可看出，《高级商务汉语会话教程》既是汉语口语教材，又是专用汉语教材。二者如何结合，怎样接口，怎样展现有机融合，一直是业内探讨的问题。本教材从汉语入手，由浅入深，逐层展开，自然引入商务汉语谈判言语内容。诸如从"应聘"、"提醒或暗示对方"、"引入新话题"、"以礼貌方式表示不满"等谈判必用话语，到"交货方式"、"包装方式、材料及标志"、"对进出口商品检验提出要求"、"支付货款方式"、"分期付款"、"变更销售合同内容"等，顺势展开，自然流畅。商务谈判使用的汉语应为高级汉语，是专用汉语，是具有专业特色的汉语。教授这样的汉语并非商务专业知识的传授，但专业知识又是附着在汉语上的，汉语是载体，专业知识是内容。本教材在这二者的结合上浑然一体，处理得当。

二、本教材以教授商务谈判用语为目的。既然是谈判教程，当然是口语教材，但谈判的结果最后要付诸文字，必须兼及二者。本教材从口语入手，自然过渡到书面语。谈判本身是一项任务，故本教材选用任务型教学法，是十分恰当的。这种教学法以完成任务的方式，采用"用中学"、"做中学"、"体验中学"的理念，非常适用于商务谈判的汉语口语和书面语学习。但是，本教材并不拘泥于任务型教学法，而是根据商务谈判用语教学的需要，对任务型教学法进行了创新：在教材的编排上，首先以内容驱动，设定话题范围；然后以语言功能表达方式进入商务谈判；最后才是商务汉语谈判的交际任务与策略的学习。从教学法视角观测，这种方法融合了当今世界通用教学法之长，必然会收到好的效果。

三、教材容量很大，编排方式独特，符合学习者学习心理，也利于教师组织课堂教学。全书共18单元，分上、中、下三册，每单元设5个板块。其中第2版块为主体，围绕商务话题设计了3篇不同的会话课文，并在课文前设有"词语准备"，以了解本课词语；课文后有"情景会话要点"，概括课文核心内容；然后用"问一问"、"说一说"、"分组表演"组织课堂教学，提升学习者兴趣，便于学习者掌握。此前的第1版块，从交际任务、话题背景方面进行铺垫；此后的第3板块"背景广角"，对专业知识或术语进行注释。第4板块"单元综合练习"，通过各种练习题，从不同角度来消化吸收课文的内容。第5版块"补充阅读"，则可根据学习者的不同需求，或做课上补充材料，或做课下阅读资料。内容丰富，安排合理，各版块具有内在的有机联系，符合语言教学规律和语言学习规律。

四、本教材指令明确，教师会感到很好用。与其他教材不同之处，本教材将内容分为课前、课上、课后三个部分。生词、某些成语、俗语、惯用语以及相关背景资料，为学生课前准备的内容；课上结合情景会话课文，有问答练习、听说练习、角色练习、课上讨论等多种形式的练习；课后有作业、阅读等巩固、扩展训练。这种安排，因有课前准备，课上能省出时间，有助于语言任务的完成，课后有跟踪练习，使语言学习具有持续性。

尚有一建言，以使教材锦上添花。教材如能图文并茂就更理想，一些商品可用实物照相，有些场景，如港口装卸、谈判现场、生产车间、签字仪式等可附图。这样教材更好看，也更吸引读者。

　　五年的编写与试用，编者付出了大量的心血，终于收获为巨著三帙，可喜可贺。现教材已发排，即将付梓。我上面说的话，是我阅后的感言。我既未教过商务汉语，更未编过教材，实为门外汉。阅读教材后，钦佩之余，略抒愚见，以就正于方家。

赵金铭

致学习者

很高兴认识您,感谢您选择《高级商务汉语会话教程》。学习这套教材,有助于您用汉语参与一般性的商务活动,了解商务交往的基本礼仪;还可以熟悉国际货物合同的基本条款,并能运用相关的法律法规或国际惯例,向对方提出理赔或者索赔;也能了解各种贸易方式的常识性知识,与对方签订合同;通过搜集相关的商务话题资料,能够口头报告市场考察、开发、调研等方面的情况。我相信,学完本书,您的收获一定很大。

本套教材是北京语言大学汉语学院汉语言专业经贸方向三年级的教材,但它兼顾了在中国或海外的其他学历教育或非学历教育的学习者,如果您已掌握了3500-4000个汉语常用词语和基础语法,这套教材还是比较适合的。如果是在教师的指导下学习,可根据学习时间来选择需要的商务话题;如果是自学,课文后的"情景会话要点"能帮助您了解商务话题的主要内容;如果想学习口语短语或句式,可在"分组表演"中找到您需要的委婉表达方式;在会话课文中,还能学会如何引入话题、转变话题、结束话题以及在谈话中礼貌地插入、重复、强调或引起对方注意等表达方式。练习部分有答案,可供参考。

本套教材共18个单元,分上、中、下三册,每单元分为5个板块。第一个板块:根据商务话题来设计"交际任务"、"话题背景"和"关键词语"。第二个板块:根据不同的交际场景及交际对象,围绕单元商务话题,设计了3篇不同的会话课文。每篇会话课文后面,设有形式不同的练习题可供选择。课前,最好先进行"词语准备",了解本课词语和习语的意思或用法。课上的"分组表演",是学习训练的重点。第三个板块:"背景广角"是对专业知识或术语的注释,以便更好地学习会话课文。第四个板块:"单元综合练习"主要是为课前预习或课后复习而设计的练习题。第五个板块:"补充阅读"是课外资料,目的是开阔眼界,增加实践经验。

本套教材的词语总表和习语总表的英语翻译由李岛负责,赵蔚彬老师校阅。致学习者、话题背景和背景广角的英文翻译由关重老师承担。在设计、编写和出版的过程中,得到了汉语学院各级领导的指导和帮助。在5年多的编写和试用过程中,弓月亭、黄梅等老师有针对性地提出了修改意见。初稿完成后,汉语学院教材专家审订小组的郭鹏、沈庶英等老师提出了许多宝贵的建议。初稿修订后,汉语学院聘请赵金铭教授、李杨教授审稿,并提出修改意见。在此一并表示衷心的感谢!

刘丽瑛

2012年8月

To Learners

I am delighted to make the acquaintance of you and appreciate your choice of this course book, which may not only help you use Chinese for ordinary business activities and get the hang of basic propriety in business exchanges, but also enable you to learn the basic provisions concerning international contracts on goods and benefit from relevant laws and regulations or international conventions in making claims from the other party as well. It can also provide you with some common knowledge about various ways of trade and about how to make contracts with the parties concerned. Meanwhile, it equips you with the ability to make oral reports about your market investigation, development and study through collecting relevant topics and data. I believe that you will benefit a great deal from this course book.

The book is intended for the third-year language students majoring in commerce and trade in the College of Chinese Studies at BLCU. Just the same, it also caters to the need of students with either formal schooling or informal schooling inside or outside China. It is rather desirable for those learners who are in command of 3,500~4,000 commonly-used Chinese words and elementary Chinese grammar. You may, under the guidance of a teacher, zero in on certain business topics for study within the time allotted to you. You may learn by yourself the main ideas of those business topics from the *Essentials of Conversation* attached to each text. You can familiarize yourself with those euphemistic expressions you need in the *Group Performance* section if you set your mind on learning colloquial phrases or sentence patterns. You can also acquire through the texts of conversation those skills of how to introduce a new topic, change a topic, and end a topic as well as those modes of expressions in daily conversation such as polite interruption, repetition, emphasis, attracting attention and so on. Keys to exercises are provided for reference.

This course book consists of three volumes with 18 units in total. Each unit is divided into five sections.

Section I: *Mission-oriented communication, background information* and *key words* are presented in the light of the business topics.

Section II: Three distinctive texts of conversation around the business topics of each unit are designed according to different communication scenes and participants. Various types of exercises following each text for conversation are provided for you to choose from. Before class, you'd better do some *preparation* for the new words and idioms, getting to know their meanings and usages. In class, *group performance* is the major activity.

Section III: The background information can be used as notes on the subjects concerned and linguistic terms to facilitate your reading of texts.

Section IV: *Comprehensive exercises* for units are supplied for pre-class preparation and post-class review.

Section V: *Supplementary reading materials* help widen your horizon and to enrich your practical experience.

Mr. Li Dao did the English translation of the general list of words and idioms, while Mr. Zhao Weibin the proof-reading. *To learners*, *Background information* and *Panoramic background* were translated to English by Ms. Guan Zhong. In the process of designing, compiling and publishing of this course book, the leaders at various levels of the College of Chinese Studies rendered practical guidance and unreserved assistance. In the five-year-long course of its compilation and trial use, Ms. Gong Yueting and Ms. Huang Mei gave some important comments and suggestions on its revision. After the first draft was finished, the members of the textbook examining and revising expert group, including Mr. Guo Peng and Ms. Shen Shuying, gave many valuable suggestions. After the first draft was revised, the College invited Prof. Zhao Jinming and Prof. Li Yang to finalize it. To all the above mentioned, I hereby express my heartfelt thanks.

Liu Liying
August, 2012

公司组织结构图

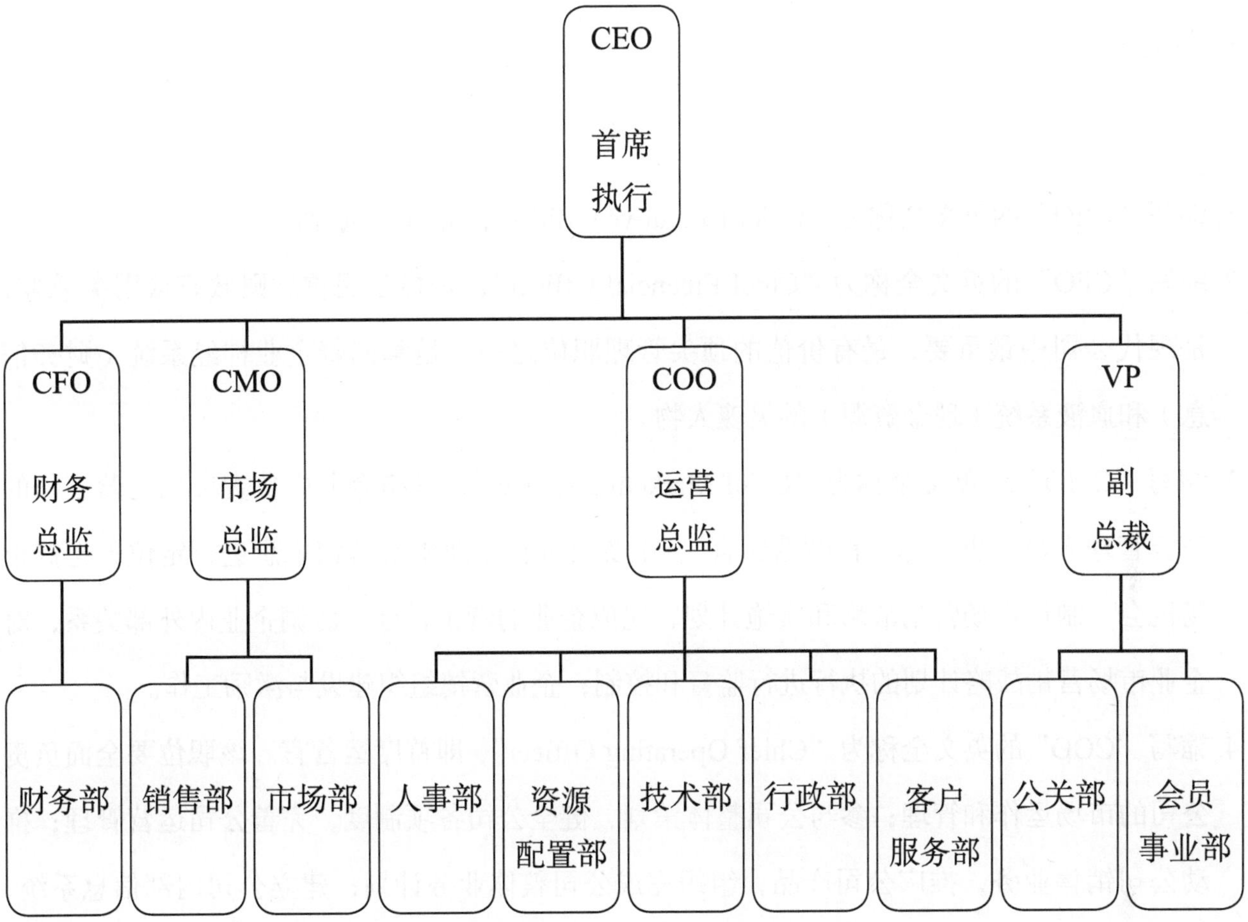

企业组织结构图

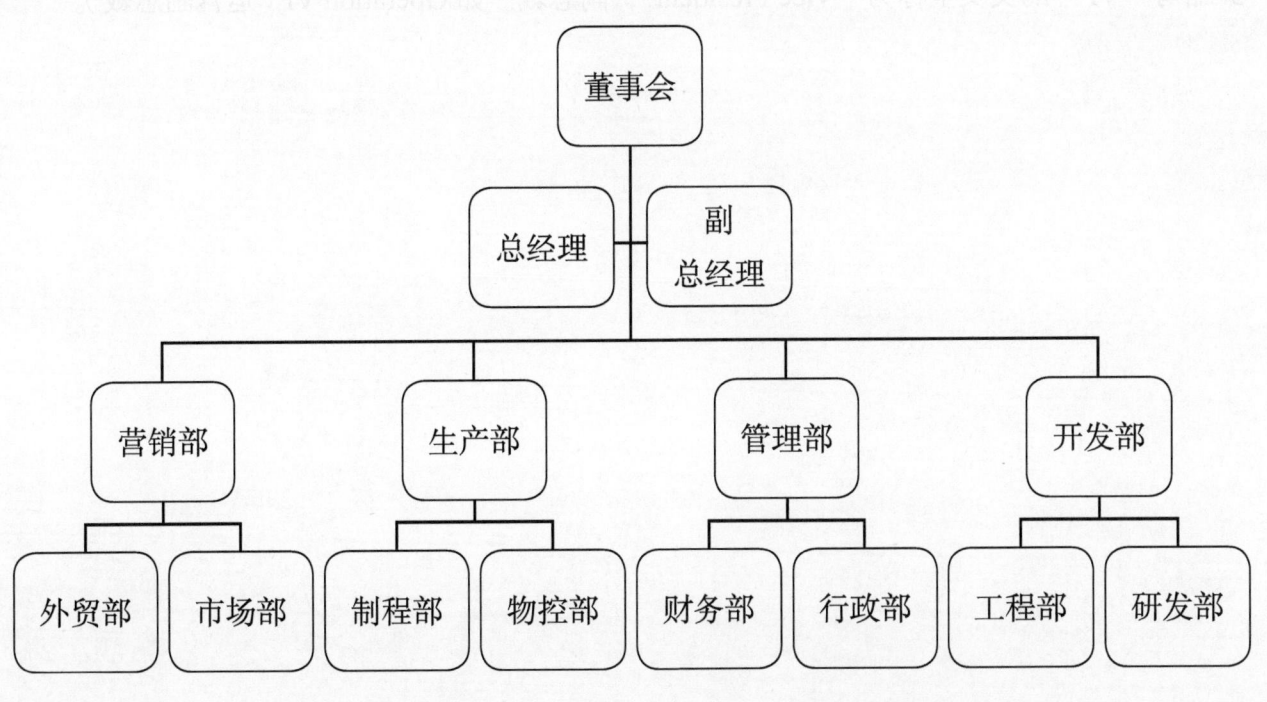

【注释】

1. 缩写"CEO"的英文全称为"Chief Executive Officer",即首席执行官。

2. 缩写"CFO"的英文全称为"Chief Financial Officer",是指公司首席财政官或财务总监,是现代公司中最重要、最有价值的顶尖管理职位之一,是掌握着企业神经系统(财务信息)和血液系统(现金资源)的灵魂人物。

3. 缩写"CMO"的英文全称为"Chief Marketing Officer",是指企业中负责市场运营工作的高级管理人员,也可称"首席营销官"。主要负责在企业中对营销思想进行定位;把握市场机会,制订市场营销战略和实施计划,完成企业的营销目标;协调企业内外部关系,对企业市场营销战略计划的执行进行监督和控制;企业营销组织建设与激励工作。

4. 缩写"COO"的英文全称为"Chief Operating Officer",即首席运营官。该职位要全面负责公司的市场运作和管理;参与公司整体策划,健全公司各项制度,完善公司运营管理;推动公司销售业务,推广公司产品,组织完成公司整体业务计划;建立公司内部信息系统,推进公司财务、行政、人力资源的管理;协调各部门工作,建立有效的团队协作机制;维持并开拓各方面的外部关系;管理并激励所属部门的工作绩效。

5. 缩写"VP"的英文全称为"Vice President",副总裁。如 Operation VP(运营副总裁)。

目 录

课文	话题范围	功能表达	交际任务	页码
第1单元 双向选择	招聘	暗示 提醒与提示	1. 考官提醒或暗示应聘者注意某方面情况 2. 应聘者提示或暗示考官注意某方面情况 3. 与对方交谈时，改变谈话内容	1
第2单元 展卖大餐	推销与订购	评价 满意与不满	1. 参展商对某事物进行评价，礼貌地表示不满 2. 采购商对某事物进行评价，礼貌地表示不满 3. 与对方交谈时，引入新话题	27
第3单元 知己知彼	价格	比较与预测	1. 说明某种产品的报价是否合理 2. 对某种产品的价格走势进行预测 3. 以比较方式委婉说明不同看法	53
第4单元 三思而后行	装运	犹豫与列举	1. 就交货方式交换意见 2. 就装运期限和装卸地点交换意见 3. 以列举方式说明某类事物	83
第5单元 无声的推销员	包装	选择与推托	1. 说明包装方式、材料及标志 2. 说明选择某种包装的理由 3. 以推托方式委婉拒绝对方的要求	111

| 第 6 单元 防患于未然 | 保险 | 强调 | 1. 进口商要求扩大投保范围
2. 出口商说明扩大投保范围的条件
3. 委托对方代办投保手续 | 139 |

| 词语总表 | 163 |
| 熟语总表 | 167 |

双向选择（招聘）

第1课　招聘临时雇员
第2课　面试考查
第3课　人才寻访

交际任务：招聘、应聘与聘任

一、考官提醒或暗示应聘者注意某方面情况
二、应聘者提示或暗示考官注意某方面情况
三、与对方交谈时，改变谈话内容

话题背景

　　选择是双向的，多少人为谋求一个职位而东奔西走，又有多少招聘启事在寻找着合适的人才。在面试前，要学会自我包装，利用专业优势，努力脱颖而出。不要忘了，"冰冻三尺，非一日之寒。"当你面对考官，沉着冷静、应对自如地回答问题时，可能这就是成功的开始。当你面临又一次选择时，千万别犹豫。要记住，抓住机会。

　　Did it ever occur to you that you could have the initiative of decision-making in hands? Even though there are crowds of people vying with each other for one position, still many companies are eagerly hunting around for their right candidates. Keep in mind that you should get yourself well-prepared for an interview and take the advantage of your specialty to outshine other competitors. As an old saying goes, "Rome is not built in one day". Your readiness to answer interviewers' questions confidently and appropriately could turn out to be a good start for your future success. So when another chance comes up, don't hesitate and grab it.

关键词语

面试：

zhāopìn	pìnyòng	pìnrèn	yìngpìn	jiǎnlì	zhíwèi	zhǔguǎn	shèngrèn	fúlì dàiyù
招聘	聘用	聘任	应聘	简历	职位	主管	胜任	福利待遇

tiào cáo	qiānwàn bié	zěnme shuō ne	xiǎngbì nǐ yě zhīdào	yào jìzhù	bú kèqi de shuō
跳槽	千万别	怎么说呢	想必你也知道	要记住	不客气地说

bié wàngle	yào zhīdào
别忘了	要知道

1 招聘临时雇员

词语准备

词语跟读

1	前期	qiánqī	（名）	earlier stage; early days
				前期准备工作已经结束了。
2	招聘	zhāopìn	（动）	invite applications for a job; recruit
				这家饭店需要招聘三个服务人员。
3	引荐	yǐnjiàn	（动）	recommend
				经朋友引荐，我才进入K公司工作。
4	应聘	yìngpìn	（动）	apply for an advertised post
				你想应聘哪个职位？
5	免冠	miǎnguān	（动）	take one's hat off
				交两寸半身免冠照片一张。
6	胜任	shèngrèn	（动）	be competent for
				她一定能胜任这个职位。
7	聘用	pìnyòng	（动）	employ; recruit; hire
				如违反公司规定，将解除聘用合同。
8	上司	shàngsi	（名）	boss; superior
				这位是我的顶头上司。
9	团队	tuánduì	（名）	team
				要有团队精神，才能合作得好。
10	分内	fènnèi	（形）	one's duty
				干好分内工作，其他的你不要管。
11	福利	fúlì	（名）	welfare
				这家公司工资虽高，但福利待遇很低。

| 12 | 酬劳 | chóuláo | （名） | remuneration; reward |

这个职位是根据小时来计算酬劳的。

专名

| | 宏昌集团 | Hóngchāng Jítuán | ［公司名］ | Hongchang Group |

那位是宏昌集团的周经理。

熟语学习

1. 如愿以偿 rú yuàn yǐ cháng attain one's wishes

成语。表示愿望实现，常用于祝愿他人实现某种愿望。例如：

① 这回他如愿以偿了，可王丽呢，她怎么办？
② 我也希望你能如愿以偿，可现在还说不准。

2. 僧多粥少 sēng duō zhōu shǎo in short supply

成语。比喻人多东西少，不够分配。本课借指找工作的人多，工作岗位少。例如：

A：现在大学生找工作真难哪！
B：可不。说来说去，还是僧多粥少啊。

3. 一个巴掌拍不响 yí ge bāzhang pāi bu xiǎng one hand alone cannot clap; it takes two to tango

俗语。形容双方都有责任，常用于抱怨第三者。使用时最好不要当面抱怨，否则不太礼貌。例如：

A：我认为，发生这样的事情，他也有责任。
B：那当然，一个巴掌拍不响嘛。

4. 各打五十大板 gè dǎ wǔshí dà bǎn blame both sides without discrimination

俗语。比喻不分是非、好坏或责任大小，对双方都加以批评、惩处等。一般指不公平的意思。多用于表示不满。例如：

① 他是经理，该负主要责任，不能各打五十大板。
② 分工明确，责任到人，怎么能各打五十大板呢？

情景会话

【人物】奥丽亚：俄罗斯留学生
　　　　赵　亮：宏昌集团招聘负责人

【场景】宏昌集团打算去俄罗斯投资，目前处于前期准备阶段，公司决定招聘一名俄汉翻译。经朋友引荐，奥丽亚今天去应聘。你说，她能如愿以偿吗？

奥丽亚：您好！这是我的简历和成绩单的复印件。

赵　亮：（拿过来看）坐吧。

奥丽亚：谢谢。

赵　亮：（看了一下）还要交一寸免冠照片两张。

奥丽亚：下周一，可以吗？

赵　亮：可以，<u>千万别忘啦</u>。　　　　　　　　　　提醒对方注意……

奥丽亚：请放心。对不起，怎么称呼您？

赵　亮：姓赵，这是我的名片。你以前工作过吗？

奥丽亚：没有。

赵　亮：从简历上看，还有半年才毕业。

奥丽亚：是的。我希望在中国就业，但有一定难度。

赵　亮：僧多粥少嘛。<u>想应聘什么工作？</u>　　　　　以询问方式改变话题

奥丽亚：俄汉翻译，口头、笔头都行。

赵　亮：可以阅读英文资料吗？

奥丽亚：对不起，有些困难。

赵　亮：喜欢翻译工作？

奥丽亚：怎么说呢？<u>我这人比较内向、好静，能长时间做事</u>。　以性格特点暗示对方……

赵　亮：哦，这很适合作笔头翻译。

奥丽亚：要是有机会，我想我能胜任。

赵　亮：（笑着）<u>说说看，如果聘用你，怎么与上司搞好关系？</u>　以询问方式改变话题

奥丽亚：<u>这个，恐怕三五句话说不清楚</u>。　　　　　委婉表达方式

赵　亮：说说看，如果有问题，是谁的责任？

奥丽亚：您看，一个巴掌拍不响，对吧？

赵　亮：你是说各打五十大板，对吗？

奥丽亚：不全是。这么说吧，要提倡团队精神，这样就好相处了。

赵　亮：要记住，学会换位思考，才能相互理解。　　　——提醒对方注意……

奥丽亚：有道理，是这样。

赵　亮：对分内和分外的工作，你是怎么看的？

奥丽亚：只要是分内工作，没什么可讨价还价的。

赵　亮：说句不客气的话，有时工作多，薪水和福利待遇低，介意吗？　　　——委婉表达方式

奥丽亚：凡是特殊情况，都能理解。赵经理，能请教个问题吗？

赵　亮：没问题，说吧。

奥丽亚：想必您也知道，我现在还是在校的学生。　　　——以提示方式说明自己的愿望

赵　亮：这么说，你希望是弹性工作？

奥丽亚：是的。要是不介意的话，我想知道，我的主要工作是什么？

赵　亮：翻译俄文资料，酬劳按千字计算。　　　——以询问方式改变话题

奥丽亚：什么时候开始？

赵　亮：这样吧，你先把这份资料翻译出来，后天可以完成吗？

奥丽亚：没问题，就是开夜车，也会按时完成的。

赵　亮：那好，其他的我们回头再谈。　　　——以委婉方式说明自己的愿望

奥丽亚：也好。我希望能够继续这次谈话。

赵　亮：（笑了）那要看你的翻译情况啦。请记住，后天交稿。　　　——提醒对方注意……

奥丽亚：一定，请放心。

情景会话要点

人物关系	关键词	聘用的职位	面试情况	表达方式
赵亮 （聘用单位）	招聘	翻译人员 经理助理 经理秘书 公关部经理 人力资源经理 ……	**考查的问题：** 1. 可以阅读英文资料吗 2. 是否胜任聘用的职位 3. 怎么与上司搞好关系 4. 如何处理分内与分外工作	胜任 换位思考 怎么说呢 说句不客气的话 福利待遇 特殊情况 想必你也知道 按……计算
奥丽亚 （应聘人员）	应聘		1. 提交个人资料： 　简历、成绩单、照片等 2. 从性格、能力、水平、经验、经历等方面说明个人特长 3. 提倡团队精神 4. 没什么可讨价还价的；凡是特殊情况，都能理解	

课堂练习

 问一问

◆ 以第三者的身份回答下列问题：

1. 你认为奥丽亚应该准备哪些个人资料？
2. 奥丽亚为什么认为自己适合这个职位？
3. 赵亮认为怎么才能处理好上下级关系？
4. 你认为公司决定聘用奥丽亚了吗？
5. 赵亮向奥丽亚提出了哪几个问题？

二 说一说

◆ 当你"提醒/提示"或"暗示"对方注意某个问题时,如何说明这一想法?例如:
1. 这个,恐怕三五句话说不清楚。(委婉表达方式)
2. 要记住,学会换位思考,才能相互理解。(提醒对方注意)
3. 凡是特殊情况,都能理解。(委婉表达方式)
4. 想必您也知道,我现在还是在校的学生。(意思是"自己不能坐班")
5. 我希望能够继续这次谈话。(意思是"希望能有机会")

三 分组表演

◆ 你认为,怎么才能处理好上下级关系?

提示词语:恐怕…… 您看,…… 这么说吧,……

提示句子:1. 这个,恐怕三五句话说不清楚。
2. 您看,一个巴掌拍不响,对吧?
3. 这么说吧,要提倡团队精神,这样就好相处了。

◆ 你怎么看分内和分外工作?

提示词语:只要…… 凡是……,都……

提示句子:1. 只要是分内工作,没什么可讨价还价的。
2. 凡是特殊情况,都能理解。

一 练一练

▲ 用指定词语或结构说明你的看法或意见:

1. 当你提醒对方某事不好办或不能办时,如何礼貌地说明这一想法?
_____(恐怕)

2. 当你提示对方自己为什么这么做时,如何礼貌地说明你的看法?
_____(想必您/你也……)

3. 当你暗示对方无须为某人担心时,如何说明这一想法?
_____(凡是……,都……)

第一单元 双向选择（招聘）

二 答一答

▲ 你认为，公司聘用奥丽亚的原因是什么？（举例说明）

▲ 你认为，公司不聘用奥丽亚的原因是什么？（举例说明）

三 语段表达

▲ 以提示或暗示的方式说明公司是否应该聘用奥丽亚：

参考观点：

1. 经理，想必您也知道，奥丽亚是北京语言大学翻译专业毕业的。再有，她还获得了HSK高级证书。我觉得，如果招聘她，对公司今后的发展有利。

2. 怎么说呢？奥丽亚的性格比较内向、好静，能长时间做事。这么说吧，虽然没有工作经验，但她的基本条件不错。我相信，她能胜任这份工作。

3. 怎么说呢？经理，我觉得最好不要聘用她。您看，公司是第一次去俄罗斯投资，要做的事太多。再说了，我们只招聘一名俄汉翻译，可她呢希望弹性工作，又没有翻译经验，很难胜任这份工作。您说是吧？

4. 说句不客气的话，她的条件很难胜任这份工作。想必您也清楚，她不会英语。从工作需要看，聘用她不太合适。您说呢？

2 面试考查

词语准备

1 词语跟读

1	发布	fābù	(动)	release
				这个消息已经发布出去了。
2	公关	gōngguān	(名)	public relations
				这位是公关部的周经理。
3	营销	yíngxiāo	(动)	present, advertise and sell a company's product in the best possible way
				那位是营销部的李经理。
4	空缺	kòngquē	(名)	vacancy
				我们还有其他职位的空缺。
5	绕弯子	rào wānzi		beat around the bush
				有话直说,别绕弯子。
6	固执	gùzhi	(形)	obstinate
				这人很固执,我劝不了。
7	褒贬	bāobiǎn	(动)	appraise; evaluate
				人们对他的评价褒贬不一。
8	不一	bùyī	(形)	not the same
				你再看看,好像长短不一。
9	就职	jiù//zhí	(动)	assume office
				他大学毕业后在 L 公司就职。
10	职责	zhízé	(名)	responsibility
				看你说的,这是我应尽的职责。
11	排解	páijiě	(动)	relieve
				为排解工作压力,我周末经常找朋友聚聚。

 熟语学习

1. **人尽其才，物尽其用** rén jìn qí cái, wù jìn qí yòng tap manpower and material resources to the full

   俗语。从字面意思看，是说每个人都能发挥自己的才能，每件物品都能派上用场。有时前后句也可以单独使用，意思不变。例如：

   A：我认为，只有通过面试，才能初步确定招聘人选的名单。
   B：是的。要想人尽其才（物尽其用），这只能说是第一步。

2. **人无完人** rén wú wánrén nobody is perfect; all people have their weak sides

   成语。也说"金无足赤，人无完人"。从字面意思看，是说没有成色十足的金子，没有没缺点的人，常用在理解或原谅某人的某种不足。有时用于承认自己的错误，但有时也有不服气的意思。例如：

   A：他这样回答问题，我认为不够全面。
   B：欸，人无完人嘛，哪有十全十美的？

3. **计划不如变化快** jìhuà bùrú biànhuà kuài Changes always go beyond plans.

   俗语。有时也说"计划赶不上变化"或"计划没有变化快"。意思是又有新的变化，表示能够理解。例如：

   A：张华，小李说明天和咱们一块儿去旅游。
   B：是吗？刚才他还说明天要跟黄经理去上海出差。
   A：真是计划不如变化快呀！

情景会话

【人物】皮尔：康佳有限公司人力资源部经理
　　　　郭涛：应聘者
【场景】为了适应在华的发展需要，康佳有限公司在报纸上刊登广告，公开向社会发布招聘消息。在公司的一间办公室里，皮尔经理正在与应聘者谈话。

皮尔：郭先生，你为什么应聘公关经理这个职位？
郭涛：不客气地说，我认为这个职位我能胜任。　　　　　　　　——委婉表达方式
皮尔：在其他公司干过吗？
郭涛：营销经理，干过两年。
皮尔：为什么要换？
郭涛：说老实话，我觉得公关这个工作也许更适合我。
皮尔：千万别这么说，郭先生，有时也说不准。　　　　　　　　——以提醒方式表示不同意
郭涛：您是说，这个职位不适合我？
皮尔：想必你也知道，还有其他的空缺。　　　　　　　　　　　——以提示方式确认对方意见、看法等
郭涛：这么说吧，我这人善于交际，容易和他人沟通。　　　　　——暗示对方要抓住机会
皮尔：何必呢？别这么执著。　　　　　　　　　　　　　　　　——以解释方式暗示对方
郭涛：您看，人尽其才，物尽其用嘛。　　　　　　　　　　　　——以劝说方式提示对方注意……
皮尔：（笑了）哦，很自信嘛。那你的主要缺点是什么？
郭涛：怎么说呢？人无完人嘛。
皮尔：别绕弯子，郭先生，请正面回答。　　　　　　　　　　　——提醒对方注意……
郭涛：对不起。我是说，朋友们的评价不同。
皮尔：说说看。
郭涛：有的说我做事很执著，也有的说我太固执。
皮尔：哦，褒贬不一。那好，说说你今后的想法。
郭涛：要是没理解错的话，您指的是在贵公司就职以后。　　　　——委婉表达方式
皮尔：就算是吧，想必你也有准备。
郭涛：对不起，我可以考虑一下吗？
皮尔：可以。不过要注意，1分钟。
郭涛：好的。（10秒后）您看，要是我能够成为贵公司的公关经理……
皮尔：用一句话来概括，可以吗？
郭涛：可以。我会根据职责范围，制订新的发展计划。
皮尔：要是上司不同意呢？
郭涛：可以调整，计划不如变化快嘛。
皮尔：设想一下，工作压力大，怎么排解？
郭涛：这个，办法很多。哦，不要误会。
皮尔：（笑了）看你紧张的，压力不小嘛。
郭涛：对不起，让您看出来啦。
皮尔：能说一下吗？中国最有名的古都有哪几个？　　　　　　　——以询问方式改变话题
郭涛：在历史上……有南京、西安，还有什么来着？

皮尔：没关系。别忘了，我们需要不断地学习。 ——提醒对方注意……

郭涛：是的。谢谢！

皮尔：来，把这几张表填一下。

郭涛：好的。

情景会话要点

人物关系	应聘公关经理的职位↔考查应聘者的能力			
	理由	缺点/优点	就职以后	知识面
皮尔（考官）	在其他公司干过吗 还有其他空缺	别那么执著 很自信嘛	一句话来概括 排解工作压力	中国最有名的古都 需要不断地学习
郭涛（应聘者）	能胜任 善于交际	人无完人 很执著 太固执	制订新的发展计划 办法很多	有南京、西安， 还有什么来着

课堂练习

一 问一问

◆ 以第三者的身份回答下列问题：

1. 郭涛希望应聘什么职位？
2. 郭涛为什么觉得这个职位适合自己？
3. 郭涛是怎么向考官说明自己的缺点的？
4. 如果应聘成功，郭涛有什么计划？
5. 说说看，工作压力大，怎么排解？

二 说一说

◆ 当你"提醒/提示"或"暗示"对方注意某事物时,如何说明这一想法?例如:
1. 千万别这么说,郭先生,有时也说不准。
2. 您是说,这个职位不适合我?
3. 想必你也知道,还有其他的空缺。
4. 这么说吧,我这人善于交际,容易和他人沟通。
5. 设想一下,工作压力大,怎么排解?

三 分组表演

◆ 如果你的朋友去应聘工作,如何提醒他作好两手准备?

提示词语:千万别…… 怎么说呢 何必呢 想必

提示句子:1. 千万别太固执,其他的空缺不见得不适合你。
2. 何必呢?别这么执著。想必你也知道,还有其他的空缺。
3. 怎么说呢?虽说"人尽其才,物尽其用"是对的,但也要面对现实。

课后练习

一 练一练

▲ 用指定词语或结构说明你的看法或意见:
1. 如果希望对方放弃某种想法或做法时,怎样以劝说方式来暗示对方?
   _____(何必呢)
2. 当你提醒对方注意什么时,怎么直接说明自己的这一想法?
   _____(千万)
3. 如果以换位思考的方式提醒对方注意,如何表述这一想法?
   _____(设想一下)

二 答一答

▲ 面试时,皮尔经理考查了郭涛哪几方面的能力?

3 人才寻访

词语准备

词语跟读

1	中介	zhōngjiè	（名）	agent
				可以通过人才中介公司找工作。
2	健身	jiànshēn	（动）	keep fit
				饭后散步是一种很好的健身活动。
3	公务	gōngwù	（名）	official business; public affairs
				没办法，公务缠身，实在抽不出空儿来。
4	缠身	chánshēn	（动）	be burdened with; be held up by
				你也知道，他杂事缠身，没法休假。
5	敞开	chǎngkāi	（动）	open; open wide
				作为朋友，我公司的大门永远向你敞开。
6	点名	diǎn//míng	（动）	mention sb. by name
				你也知道，这是经理点名叫你做的。
7	出马	chū//mǎ	（动）	go into action; attend to
				这事啊，李总说啦，非你出马不可。
8	跳槽	tiào//cáo	（动）	abandon one job for another
				别老跳槽，如果合适，就好好儿干。
9	过时	guò//shí	（形）	out of date
				说句不客气的话，这种想法已经过时啦。
10	做东	zuò//dōng	（动）	act as host to sb.; play the host
				叫我说呀，大家轮流做东，怎么样？

熟语学习

1. **三顾茅庐** sān gù máolú make three calls at the thatched cottage; repeatedly request sb. to take up a post

   成语。"顾"是拜访的意思。东汉末年，刘备请隐居在隆中（今湖北省襄阳附近）的诸葛亮出来共商大计，去了三次才见到。后人比喻诚心诚意地再三邀请。例如：

   ① 周经理，我可是三顾茅庐了，可他还是避而不见。你说怎么办？
   ② 算了吧，就是三顾茅庐，他也不会答应的。

2. **从一而终** cóng yī ér zhōng be loyal to one's spouse to death

   成语。本义指用情专注，永不改变。后引申为一女不嫁二男。本课借指就业后，不再改变工作。例如：

   ① 随着经济的发展变化，这种从一而终的就业理念受到了冲击。
   ② 从人才自由流动的角度看，从一而终的就业理念已经过时了。

3. **良禽择木而栖** liáng qín zé mù ér qī A wise bird chooses a solid tree to nest in. A man selects a leader whom he would follow.

   俗语。意思是鸟类选择合适的树木停留或做巢。比喻选择贤君明主为其效劳，或者选择合适的地方来发展。例如：

   A：沈先生，也不知这次的选择是否正确？
   B：俗话说：良禽择木而栖。我认为你接受M公司的聘用是正确的。

情景会话

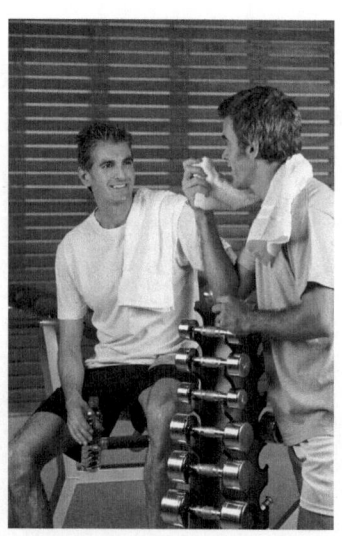

【人物】何德：上海某人才中介公司职员
　　　　雷池：北京K公司销售部经理
【场景】何德今天专程来京与雷池会面。约好晚上7点在华风健身馆见面。你说，他们会谈些什么呢？

何德：雷经理，<u>见您一面可真不容易</u>。　　　　　　　　　　　委婉表达方式

雷池：没法子，公务缠身。

何德：<u>我可是三顾茅庐啦</u>，雷经理。　　　　　　　　　　　　委婉表达方式

雷池：这个……走，先去活动活动。

（两人在健身房，边练边聊）

何德：常听中国人说，请朋友吃饭，不如请朋友流汗。

雷池：（笑了）是啊，生命在于运动嘛。

何德：可不。怎么样，雷经理，上次跟您提的J公司的事情，还在考虑？

雷池：何苦呢？作为朋友，何先生，<u>大门永远向你敞开</u>。　　　委婉表达方式

何德：不瞒您说，是客户点名想请您的。

雷池：说老实话，我们公司董事长对我很信任，哪能说走就走？

何德：我知道。要不也不会请您亲自出马啦。

雷池：你看，目前啊，我还没有新的打算。

何德：别呀。雷经理，<u>要知道，良禽择木而栖呀</u>。　　　　　　提示对方抓住机会

雷池：你说，<u>跳槽</u>，你怎么看？

何德：这个，从一而终的就业理念早已过时啦。

雷池：坦率地说，人才自由流动，是经济发展的需要。

何德：哦，那您怎么——

雷池：对公司来说，诚信和能力同等重要。

何德：您是说，更看重前者。

雷池：那是。<u>别忘了</u>，能力是可以培养的。　　　　　　　　　提醒对方注意……

何德：没错。有才无德，另当别论。

雷池：你看，我们的看法一样。

何德：<u>但要是有更好的发展机会呢？</u>　　　　　　　　　　　　暗示对方抓住机会

雷池：<u>咱们别谈这个啦</u>，一两句也说不完。　　　　　　　　　以建议方式改变话题

何德：<u>话又说回来，大材小用也是浪费呀</u>。　　　　　　　　　以提示方式改变话题

雷池：哪里，哪里，谈不上。

何德：您不去，无论从哪个角度讲，都很可惜。

雷池：这样吧，要是愿意，给你推荐个人。

何德：哦，说说看。

雷池：我读博认识的，担任过我们公司的销售部主管。

何德：凭您的信誉，该见一面。

雷池：这没问题。今晚我做东，约他出来。

何德：谢谢，太好啦！雷经理，您这个朋友，我算交定啦。 ——委婉表达方式
雷池：不客气，成不成，还不知道呢。
何德：这个，随缘吧。

情景会话要点

人物关系	理由	就业理念	表达方式
何德 （中介公司）	1. 客户点名 2. 良禽择木而栖 3. 更好的发展机会 4. 大材小用是浪费	从一而终早已过时	不瞒您说 说老实话 要知道 坦率地说
雷池 （被聘任者）	1. 董事长对我很信任 2. 诚信和能力，更看重前者	人才自由流动	别忘了 话又说回来

课堂练习

一 问一问

◆ 以第三者的身份回答下列问题：

1. 何先生专程来北京做什么？
2. 雷经理如何婉言谢绝何先生的邀请？
3. 雷经理为什么谢绝了客户的聘任？
4. 雷经理向何先生推荐了一个什么样的人？
5. 如果你邀请对方吃饭，怎么说明这一想法？

二 说一说

◆ 当你"提醒/提示"或"暗示"对方时,如何委婉地表达这一想法?例如:

1. 我可是三顾茅庐啦,雷经理。(意思是"来过多次")
2. 何苦呢?作为朋友,何先生,大门永远向你敞开。(意思是"不接受聘任")
3. 雷经理,要知道,良禽择木而栖呀。(意思是"要抓住机会")
4. 但要是有更好的发展机会呢?(意思是"再考虑考虑")
5. 您这个朋友,我算交定啦。(意思是"谢谢您的帮助")

三 分组表演

◆ 你会怎样提醒雷经理不要放弃这次机会?

提示词语:要知道 何苦呢 想必你也知道 话又说回来 您看

提示句子:1. 要知道,从一而终的就业理念早已过时啦。何苦呢?良禽择木而栖嘛。
2. 想必您也知道,是客户点名想请您的。话又说回来,大材小用也是浪费呀。
3. 您看,人才自由流动,是经济发展的需要。而且这对您来说也是更好的发展机会。

课后练习

一 练一练

▲ 用指定词语或结构说明你的看法或意见:

1. 如果你想劝说对方接受聘任,如何表明这一想法?
   _____(何苦呢)
2. 你认为谁都会有错的时候,如何提醒对方理解某人的做法?
   _____(别忘了)
3. 如果你想提示对方怎么做才能处理好上下级关系,如何说明这一想法?
   _____(要知道)

二 答一答

▲ 雷经理是否应该接受客户的聘任?请以第三者的身份表达你的观点。

1. 你认为,"团队精神"在企业发展中的作用重要吗?

Do you think "team spirit" plays an important role in business growth?

答:怎么说呢?很多企业的领导都会忽视一个问题,那就是他们往往特别欣赏个人业务水平出类拔萃的员工,却并没意识到,其中有些人因为与同事相处很不融洽,根本没法让自己掌握的技术诀窍在团队中发挥作用。美国哈佛商学院管理学专家蒂齐亚纳·卡夏罗和杜克大学的索萨·洛沃分析了多种职场关系,得出的结论是:大多数人宁愿与讨人喜欢的傻瓜一起工作,也不想和有本事的讨厌鬼共事。他们询问了一些经理及其员工通常愿意与什么样的人合作。当问到"业务能力与亲和力哪个更重要"时,受访者几乎无一例外地回答:"在我看来,同事的能力和知识最重要。要是他好相处,那自然更好。但对我来说,这不是关键因素。"你说,如果企业缺少"团队精神",能快速发展吗?

Well, many business leaders are not aware of one of their weaknesses that they care too much for those employees with remarkable professional competence, while neglecting the fact that some of such guys could not give full play to their technical skills due to their lack of harmonious relationship with their colleagues. After analyzing various relationships in workplace, Tizana Casciovro, an expert on business administration from Harvard Business School, and Sasa Lobo from Duke University, concluded that most people would rather work together with a pleasant fool than with a capable nuisance. But then they inquired some managers and their staff about what kind of people they are usually willing to work with. When asked "which one, do you think, is more important, professional competence or affinity?", all those surveyed gave the same answer: "in my opinion, a colleague's competence and knowledge are the most important. It would be better if they are pleasant to work with. But for me, it's not the key factor to take into consideration." Now, the old question comes up again: is it possible for a business to grow apace without the "team spirit"?

2. 中国历史上最有名的古都有哪几个?

Which cities are the most famous ancient capitals in China?

答:根据有关资料表明,通常称西安、开封、洛阳、北京、南京、杭州六个城市为六大古都。1988年4月,"中国古都学会"又决定将河南安阳列入与上述古都同等的地位。从目前的情况看，最能体现古都特点的有西安、北京和南京，这三地文物古迹多，基本上保持了古城风貌。洛阳、开封的文物古迹破坏严重，但残存的部分却因历史悠久而具有较高的研究价值。杭州作为国都的历史原本较短，现存遗迹不多，所以主要以风景城市闻名。安阳是有3000多年历史的古城，公元前1387年商王盘庚在现市区小屯一带正式建都，历经273年，成为商代后期政治、经济、文化的中心。但因时间过久，地面文物已破坏殆尽，只有殷墟等少数价值很高的历史遗存。

In light of data at hand, Xi'an, Kaifeng, Luoyang, Beijing, Nanjing and Hangzhou are usually recognized as the six most famous ancient capital cities in China. Anyang City in Henan Province was added to the list as the seventh in April, 1988 by China Ancient Capital Research Society. As things now stand, of the seven, Xi'an, Beijing, and Nanjing are the most typical since there still exist numerous cultural relics and historical sites in these three places and some of their architectures still maintain their basic ancient styles and features. Severe damages have been done to the historic sites in Luoyang and Kaifeng, yet these ancient remains are still of great historical value for research. There are not so many relics in Hangzhou as in other ancient cities since its history of being a capital is relatively short. Therefore, its fame comes mainly from its beautiful sceneries. The history of Anyang is over 3,000 years. In 1387 B.C., Pangeng, the emperor of the Shang Dynasty, established the capital at the now downtown area of Anyang, once called Xiaotun at that time. In the next 273 years, Anyang grew into the political, economic and cultural centre of the later Shang Dynasty. Unfortunately, with the lapse of time, most of the ground relics have been destroyed, and only a very few highly-valuable historical sites remain, including Yin Ruins.

单元综合练习一

一 为加点的字选择正确的读音

1. 空缺（kōng / kòng）
2. 当做（dàng / dāng）
3. 应聘（yīng / yìng）
4. 免冠（guàn / guān）
5. 看中（zhòng / zhōng）
6. 执著（zhù / zhuó）
7. 好静（hǎo / hào）
8. 弹性（tán / dàn）
9. 相处（xiāng / xiàng）

二 根据句子内容，选择正确答案（在合适的选项前画√，可选多项）

1. 一般来说，可以通过_____等方式来寻找工作。
   □朋友介绍　□亲属介绍　□网上招聘　□招聘广告　□招聘大会

2. 招聘一般职员时，企业更注重考查_____等方面的能力。
   □相互配合　□应变力　□忍耐力　□创新精神　□薪金
   □业务能力　□工作经验

3. 选聘高层管理人才时，企业更注重_____等方面情况。
   □职责权限　□上岗时间　□从业背景　□性格特点　□职业取向
   □薪酬

4. 企业的高层管理人才更看重_____等方面的条件。
   □从业背景　□物质回报　□发展空间　□工作业绩　□职责权限

5. 企业一般通过_____等方式招聘高层管理人才。
   □猎头公司　□招聘会　□报刊媒体　□内部选拔　□电视媒体
   □朋友引荐

三 为下列词语选择合适的解释

1. 如愿以偿　　（　　）　　A. 人都有缺点。
2. 人无完人　　（　　）　　B. 诚心诚意地邀请。
3. 三顾茅庐　　（　　）　　C. 两方都有责任。
4. 良禽择木而栖（　　）　　D. 愿望实现了。
5. 一个巴掌拍不响（　　）　E. 选择合适的地方发展自我。

四 用指定词语改述下列句子

1. 听说，程华又换工作了，是吗？（跳槽）
   _____

2. 明天经理就要，今晚可有事干了。（开夜车）
   _____

3. 你还别不相信，他一到准知道什么毛病。（出马）
   _____

4. 你干吗这样？有什么话就直说吧。（绕弯子）

5. 今晚要是有空儿，我来请客，好吗？（做东）

_____

案例分析

【案情】
　　德昌广告责任有限公司（以下简称"德昌"）是一家在华的合资公司。2009年，通过网上招聘，聘任黄峰为广告设计人员。为培养优秀人才，公司分别两次送他到上海和北京的大学学习，回来后提升为部门经理。2010年2月，黄峰向公司提出到法国进修一年，双方就进修的有关问题形成口头协议。例如，进修期间的一切费用黄峰自己垫付；学成归国后，要继续在公司就职等。学完回来后，黄峰又与公司补签了职员外出进修协议和续聘合同。根据他的要求，公司报销了他在法国进修时所支付的费用。没想到当年6月，黄峰正式向公司递交辞职报告，告知其已在金象广告股份有限公司就职。事后，依据中国《合同法》和《劳动法》的规定，德昌以原告身份向法院提起诉讼。请求法院判决：一是被告黄峰单方中止服务合同，到第三方工作是违约行为。二是判决被告返还原告为其支付的培训费用以及赔偿原告相关经济损失。三是第三方知道被告没与原告解除合同关系，仍予以聘用，其行为违背相关法律规定，应承担连带赔偿责任。

【要求】　德昌向法院提起诉讼的理由是否合理？选用下列词语来说明：
　　　　　要知道　千万要记住　想必　怎么说呢

【问题】　1. 你认为被告黄峰单方中止服务合同，到第三方工作是违约行为吗？
　　　　　2. 在这起案例中，黄峰为什么成了被告？
　　　　　3. 金象广告股份有限公司为什么要承担连带赔偿责任？

课上讨论

题目：在中国就业，外国人可能会遇到哪些问题？

 补充阅读

一、职业方向定位

在求职过程中，如何自我定位，非常重要。据说，用人单位最不喜欢的求职者有两种：一种是"只要聘用我，干什么都行"的人。第二种是要高职位、高薪水，但是能力和岗位需求明显有差异的人。对于第一种人来说，他不知道自己是谁，自己想干什么也不知道，用人单位不愿意聘用这样的人。而第二种人，他知道自己是谁，但是可能不符合企业的招聘要求，面试官常常认为，这类应聘者可能不稳定，在工作中爱抱怨，可能会缺乏团队精神。

在求职前，职业方向定位很重要。何谓"定位"？一般来说，包括两层含义：第一，确定自己是谁，适合做什么工作。第二，告诉别人你是谁，你能为用人单位做什么。比如商品定位，同样是宝洁公司生产的洗发香波，"海飞丝"定位于"去头屑"，"飘柔"的定位是"柔顺头发"，"潘婷"则定位在"营养头发"。不同的定位主要来自厂家对市场需求的理解，同时也来自产品内在的品质。

一般来说，职业方向定位有四个步骤：一是了解自己，把自我已有的与工作有关的特点全部找出来。比如说，专业知识、技能特长（沟通能力、动手能力、计算机操作能力等）、个性特点（外向、热情、有责任感、承受力强等）等等，但一定要根据招聘单位的需求来介绍自己的特点。二是比较一下，即自己的特长与自己想要应聘的工作有何差距，然后确定一个或者两个应聘目标。三是根据自己的求职目标来选择适合自己的职位。如企业需要聘用的岗位要求一个人完成人际沟通、提高服务质量、降低成本，而你自己相对应的特点是热情、善于交流、有进取心、花钱比较仔细，这样就有可能被聘用。四是根据自己的定位，确定合适的表现方式。也就是说，通过简历和面试的机会，把自己的主要优势表现出来。

二、经营之道

一家公司的部门经理提出辞职，董事长希望聘任一位德才兼备的人来担任这个职位，但一连几个应聘者都没有通过董事长的面试。一天，一个30多岁的留美博士希望应聘这个职位，董事长却通知他凌晨3点去他家面试。这个年轻人按时去了，可不见有人开门，一直等到8点，董事长才让他进门。面试的题目由董事长口述，董事长问他："你会写字吗？""会。"董事长拿出一张白纸说："请你写一个'白天'的'白'字"。他写完了，却等不到下一个题，疑惑地问："就这些吗？"董事长静静地看着他说："对，考完了！"年轻人觉得很奇怪，这是哪门子的考试啊？第二天，董事长在董事会上宣布，那个年轻人通过了考试，而且是一项严格的考试。他说："一个这么年轻的博士，他的聪明与学问一定没有问题，所以我考他的牺

牲精神，我叫他牺牲睡眠，半夜3点钟来参加公司的应试，他做到了。我又考他的忍耐力，让他空等5个小时，他也做到了。我再考他的脾气，看他是否能够不发作，他也做到了。最后，我考他的谦虚，我考他连5岁孩子都会写的字，他也肯写。大家想想，一个人已经有了博士学位，又有牺牲精神、忍耐力、好脾气，还很谦虚，这才是德才兼备的人。我还有什么好挑剔的呢？所以我决定聘任他为部门经理。"

【思考题】
1. 董事长希望聘任一个什么样的人来担任部门经理？
2. 董事长认为什么样的人才是一个德才兼备的人？
3. 分别举例说明，那位博士有牺牲精神，忍耐力强，性格好，待人谦虚。

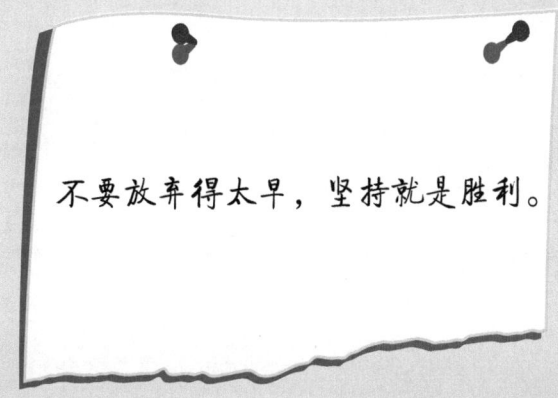

不要放弃得太早，坚持就是胜利。

展卖大餐（推销与订购）

第1课　参展商的关注点
第2课　采购商的关注点
第3课　打造品牌展会

交际任务：推销与订购

一、参展商对某事物进行评价，礼貌地表示不满
二、采购商对某事物进行评价，礼貌地表示不满
三、与对方交谈时，引入新话题

话题背景

国际展览业的发展是经济全球化的产物。它可分为综合和专业两种类型，凡是各类商品都可参展和交易的属于前者，只限于某类商品参展和交易的属于后者。目前，中国展览业发展很快，其内容涉及广泛，已成为朝阳产业。据业内人士透露，近年来，展卖的贸易方式，不仅带动了中国国内相关产业的发展，同时也促进了外贸出口的不断增长。如今，展会经济的含金量在不断上升，已成为经济增长的新亮点。

International exposition business, a product of the development of globalized economy, has two categories: general and professional. In the former one, every kind of goods can be exhibited and traded, whereas in the latter, only goods in certain specialized fields can be exhibited and traded. In China, the exposition business has been growing into a sunrise industry. Recent years witnessed its rapid development and wide coverage. According to insiders, fairs and sales, a new mode of trade in China, has promoted not only the growth of related industries, but also the steady increase of export over the past few years. As the value of exposition business continues to increase, it has turned into a new highlight for China's economic development.

关键词语

展卖：

zhǎnyè	zhǎnhuì	cānzhǎn	zhǎnpǐn	zhǎnqī	zhǎnqū	zhǎnwèi	zhǎntái	chēwèi
展业	展会	参展	展品	展期	展区	展位	展台	车位

chéngbàn	zīxún	cháxún	shuōdào	yīngdāngshuō	yíhàn de shì	kěxī de shì
承办	咨询	查询	说到	应当说	遗憾的是	可惜的是

měi zhōng bù zú de shì	hǎoxiàng	zǒng de lái shuō	bù hǎo shuō
美中不足的是	好像	总的来说	不好说

1 参展商的关注点

词语准备

词语跟读

1	外观	wàiguān	（名）	(outer) appearance
				这个会展中心外观设计得很独特。
2	造型	zàoxíng	（名）	modelling
				我觉得造型最好再简单些。
3	博览会	bólǎnhuì	（名）	exposition; fair
				下届博览会在哪个城市举办？
4	参展	cānzhǎn	（动）	participate in an exhibition
				这届博览会有121个国家和地区参展。
5	咨询	zīxún	（动）	consult
				这方面情况可以向他咨询。
6	展台	zhǎntái	（名）	exhibition stand; display counter
				J公司的展台号是102。
7	水准	shuǐzhǔn	（名）	level
				不能小看他，他的设计可具有专业水准。
8	承办	chéngbàn	（动）	undertake
				对不起，我们不承办这方面的业务。
9	查询	cháxún	（动）	inquire about
				能否查询同类产品不同等级的差价？
10	宽敞	kuānchang	（形）	spacious
				我觉得展览中心的几个大厅都很宽敞。
11	大驾	dàjià	（名）	imperial carriage
				恭候大驾光临！

2 熟语学习

1. **一举两得**　yì jǔ liǎng dé　kill two birds with one stone

   成语。意思是做一件事,得到两种收获。有时也说"一举多得"。例如:

   A:这次到上海出差时,顺便看了几个老朋友。
   B:收获不小,真是一举两得呀。

2. **不尽如人意**　bú jìn rú rényì　far from satisfactory

   固定搭配。"尽":副词。全;都。意思是事情不全/都符合人的心意。反之,可以说"尽如人意"或"天随人意"。例如:

   ①尽管准备得很充分,但还有些不尽如人意的地方。
   ②虽然多次进行修改,但还是有些不尽如人意。

3. **说不好**　shuō bu hǎo　It's hard to say.

   习用语。也说"不好说"。意思是不清楚、不知道或对某事物没有把握。例如:

   ①到底有多少家公司来参展,现在还说不好。
   ②说不好,这方面我是外行。

情景会话

【人物】梁丽:中国某公司业务经理
　　　　他仁:泰国商人

【场景】谈判之余,梁经理陪同他仁去展览会参观。途中,两人都谈了些什么呢?

梁丽:(手指着会展中心说)你看,那个最高的建筑就是国际会展中心。
他仁:哦,不错,<u>外观造型很独特,就是造价高了些</u>。　　　评价展馆,委婉地表示不满
梁丽:那倒是。上届博览会就在那儿举办的。
他仁:办得怎么样?

梁丽：很成功。不仅参展的国家多，而且展品也很丰富，但遗憾的是，展期短了些。 ——评价展会，委婉地表示不满

他仁：说到参展，梁经理，怎么办理手续？ ——以承接方式引入新话题

梁丽：这是我朋友的名片，参展的手续可以向他咨询。

他仁：太好了。我希望通过参展把新产品打入中国市场。

梁丽：对，这样能快速提高企业形象，还能认识新朋友。 ——评价参展目的和好处

他仁：可不。通过参展，还可以了解市场的需求。

梁丽：这可是一举两得的事。

他仁：应当说，一举多得。

梁丽：是啊。如果想参展最好早点儿联系，要是展台的位置不理想，可能会影响参展的效果。

他仁：那是。最好在主通道附近，这样客流量大。

梁丽：对。

他仁：听说，有些展会的场地空间有限，室内空气不尽如人意。 ——评价展业，委婉地表示不满

梁丽：怎么说呢，现在这种现象已经不多啦。 ——委婉表达方式

他仁：那就好。看来，中国展业的服务水准在不断提高。 ——委婉地评价展业发展

梁丽：是的。

他仁：对了，如果装饰展位，怎么联系？

梁丽：这个，我也说不好，得向承办单位咨询。

他仁：没关系，我先上网查询一下。

梁丽：听说还可以在网上报名。

他仁：那太好了！（下车）哦，这儿的停车场很宽敞嘛。

梁丽：是的，除了露天的，还有地下停车场。

他仁：车位不少。从这可以看出，中国展业的硬件设备确实提高了不少。 ——委婉地评价展业发展

梁丽：可不。（边走边说）请，这边走，我来带路。

他仁：啊，谢谢，劳您大驾。

梁丽：不客气。 ——敬辞，礼貌地表示感谢

情景会话要点

展览会的建筑	博览会	展销商参展目的	展台/展位	中国展业	表达方式
外观 造型	届 举办 展品 展期	打入 提高 了解 需求	位置 理想 效果 有限	服务水准 硬件设备	遗憾的是 说到 应当说 怎么说呢 看来

课堂练习

一 问一问

◆ 以第三者的身份回答下列问题：

1. 泰商觉得国际会展中心的建筑怎么样？
2. 梁丽认为上届博览会办得怎么样？
3. 梁丽说哪种现象不多见了？
4. 泰商对什么事情不太清楚？
5. 泰商认为中国展业的发展怎么样？

二 说一说

◆ 如果你对某事物不满，如何委婉地说明自己的看法？例如：

1. 不错，外观造型很独特，就是造价高了些。
2. 不仅参展的国家多，而且展品也很丰富，但遗憾的是，展期短了些。
3. 要是展台的位置不理想，可能会影响参展的效果。
4. 听说，有些展会的场地空间有限，室内空气不尽如人意。
5. 看来，中国展业的服务水准在不断提高。

三 分组表演

◆ 你是采购商，以委婉方式评价中国某展会举办的情况或展业的发展情况：

提示词语：这个啊，应当说　说到……　但遗憾的是，……　怎么说呢

提示句子：1. 这个啊，应当说不仅参展的国家多，而且展品也很丰富，但遗憾的是，展期短了些。

2. 说到这个，我觉得，中国展业的服务水准在不断提高，但遗憾的是，有些展会的场地空间有限，室内空气不尽如人意。

◆ 你是国外参展商，评价中国展业的服务水准和硬件设备：

提示词语：怎么说呢　说到……　应当说　你看　看来

提示句子：1. 怎么说呢？说到中国展业的服务水准，应当说在不断提高。你看，展会的承办单位可以提供各种服务，比如说，装饰展位、上网查询、网上报名，等等。

2. 怎么说呢？说到中国展业的硬件设备，应当说变化很大。比如说，停车场很宽敞，除了露天的，还有地下停车场。看来，中国展业的发展很快。

课后练习

练一练

▲ 用指定词语或结构说明你的看法或意见：

1. 如果对某事物不满意，如何礼貌地表述这一看法？
   _____（遗憾的是）

2. 如果对某方面的事情不太满意，如何礼貌地表示这一看法？
   _____（不尽如人意）

3. 如果对某事物不满意，如何用委婉的方式表明这一看法？
   _____（要是……可能……）

2 采购商的关注点

词语准备

词语跟读

1	入口	rùkǒu	（名）	entrance
				你看，那儿是展会的入口。
2	款	kuǎn	（量）	style
				这款西装是今年的流行样式。
3	升级	shēng//jí	（动）	upgrade
				没办法，电脑产品升级换代太快了。
4	高雅	gāoyǎ	（形）	elegant
				这套家具古香古色，色调高雅。
5	播放	bōfàng	（动）	play
				你是说想在央视一台播放广告？
6	光顾	guānggù	（动）	patronize
				欢迎二位光顾本展区！
7	销路	xiāolù	（名）	sale; market
				这种新产品的销路一直不好。
8	或许	huòxǔ	（副）	perhaps; maybe
				他没来上班，或许病了。
9	携带	xiédài	（动）	carry about
				大家请注意，不要携带液体物品登机。
10	杀毒	shā//dú	（动）	antivirus
				每次开机记得上网升级后再杀毒。
11	保修	bǎoxiū	（动）	guarantee (to keep sth. in good repair)
				我们可以提供保修服务。

专名

| 联想 | Liánxiǎng | ［公司名］ | Lenovo, a Chinese multinational IT company |

他在联想集团工作了四年。

 熟语学习

1. **财神爷** cáishényé God of Fortune

   名词。也称"财神"。现在常指可以使人发财致富的神。本课比喻"买方"。例如：

   ① 你可是我们的财神，哪敢慢待呀？
   ② 财神爷上门，哪有不高兴的？

2. **满载而归** mǎn zài ér guī come back with fruitful results

   成语。装满了东西回来，形容收获很大。相反的，可以说"空手而归"。例如：

   ① 这次可是满载而归呀，订单上的商品都采购齐了。
   ② 希望这次展会我们能够满载而归。

3. **不怕不识货，就怕货比货** bú pà bù shí huò, jiù pà huò bǐ huò Nothing is good or bad but by comparison.

   俗语。意思是通过对比就知道或清楚某事物的真实情况。例如：

   A：现在还不能下订单，等参观完其他展区再说。
   B：有道理。不怕不识货，就怕货比货嘛。

【人物】常　成：中方陪同人员
　　　　杰　克：英国采购商
　　　　张　玉：联想集团某部经理
　　　　A 先生：联想展位工作人员

【场景】在北京国际展览中心的门口，人来人往。下午3点多钟，常成陪同英商前去参观。

常　成：先去哪个展位，杰克先生？

杰　克：去"联想"吧，我们是老合作伙伴了。

常　成：好的。（看资料）展位是126，在主入口附近。

杰　克：（边走边说）这个方向。听说它们最近又推出了几款新产品。

常　成：是吗？产品的升级换代很快呀。

杰　克：是啊，遗憾的是有些产品缺乏个性，客户很难下单。 —— 评价产品，委婉地表示不满

常　成：说的是。

杰　克：你看，这个展位设计得很专业。 —— 以提示方式引入新话题

常　成：不错。重点突出，好像装饰再简单些就更好啦。 —— 评价展位，委婉地表示不满

杰　克：对，最好是简单不失高雅。

（展位旁边摆放着一些花、植物作为装饰，播放着轻音乐。工作人员A先生迎面走过来）

A先生：欢迎！欢迎二位光顾本展区！

杰　克：你好，这是我的名片。

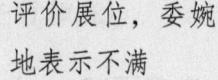

A先生：（接过看了一下）认识您很高兴。

杰　克：你是新来的吧？

A先生：是的。

杰　克：（笑了）张经理在吗？

A先生：（用手指着说）在那边，我去叫他。

杰　克：哦，没关系，我们先看看吧。

A先生：也好。请这边来，这几款是新推出的产品。

（过了一会儿，张经理走了过来）

张　玉：对不起，这两天客户太多，都忙不过来了。

杰　克：看你说的，财神爷上门，肯定高兴还来不及呢。

张　玉：说得好。希望您这个财神爷能满载而归。

杰　克：（笑了）要是这样，再好不过啦。

张　玉：杰克先生，上批货的销路怎么样？ —— 委婉表达方式

杰　克：怎么说呢，要是在外观设计上再下点儿工夫，或许销路会更好。 —— 评价产品，委婉地表示不满

张　玉：这个，可以按用户的要求来设计。这回要点儿什么？

杰　克：不急，看完其他展区再定。

张　玉：也好，不怕不识货，就怕货比货。相信您还会再来。

杰　克：（笑了）我也希望这样。
张　玉：您看，这几款笔记本，是刚推出来的。　　——以提示方式引入新话题
杰　克：哦，是超薄的，便于携带，可惜的是没有现货。　——评价产品，委婉地表示不满
张　玉：要是订购 H3 型的手提电脑，可以免费赠送一张杀毒光盘。
杰　克：不错。保修期都提供什么服务？
张　玉：要是用户经常出差，可享受国际保修业务的服务。
杰　克：这个好，提供人性化的售后服务是新的竞争点。
张　玉：是这样。　　——以提示方式引入新话题
杰　克：你看，要是提供定期保修服务，也许更有吸引力。　——评价售后服务，委婉地表示不满
张　玉：很遗憾，这个目前还有一定的困难。
杰　克：我相信，不久的将来一定会有的。这样吧，我们先到别处转转。
张　玉：那好，欢迎再来光顾本展区。

情景会话要点

人物关系	产品与展品	展位	售后服务	表达方式
常成 （陪同人员）	升级换代很快	重点突出		好像……
杰克 （采购商）	缺乏个性 外观设计 下工夫 便于携带	设计得很专业 简单不失高雅	竞争点 定期保修	遗憾的是…… 怎么说呢 要是……， 或许／也许…… 可惜的是……
张玉 （参展商）	按用户要求设计 不怕不识货， 就怕货比货		有一定的困难	很遗憾 一定

课堂练习

一 问一问

◆ 以第三者的身份回答下列问题:
1. 为什么杰克先生要先去"联想"的展位呢?
2. 见面后,双方是如何寒暄的?
3. 对上批货,杰克先生在哪方面有些不满意?
4. 如果购买H3型的手提电脑,能有哪些优惠?
5. 说说看,为什么杰克先生没有马上订货?

二 说一说

◆ 当你对某事物不满时,如何委婉、礼貌地向对方说明?例如:
1. 是啊,遗憾的是有些产品缺乏个性,客户很难下单。
2. 你看,这个展位设计得很专业,好像装饰再简单些就更好啦。
3. 怎么说呢,要是在外观设计上再下点儿工夫,或许销路会更好。
4. 哦,是超薄的,便于携带,可惜的是没有现货。
5. 你看,要是提供定期保修服务,也许更有吸引力。

三 分组表演

◆ 你认为怎么才能提高产品的竞争力呢?

提示词语:怎么说呢 遗憾的是 要是……,或许/也许……

提示句子:1. 怎么说呢,目前同类产品竞争越来越激烈,遗憾的是有些产品缺乏个性。

2. 我觉得,要是在外观设计上再下点儿工夫,或许销路会更好。比如,按用户的要求来设计。

3. 你看,提供人性化的售后服务是新的竞争点。要是提供定期保修服务,也许更有吸引力。

课后练习

◆ 练一练

▲ 用指定词语或结构说明你的看法或意见：

1. 如果用不肯定的方式表示不满，怎么礼貌地向对方说明？
   _____（好像……）

2. 如果对他人的某种做法不满，怎么礼貌地说明这一看法？
   _____（可惜的是……）

3. 如果对他人的某种说法不满，如何委婉地说明自己的意见？
   _____（要是……，或许……）

3 打造品牌展会

词语准备

词语跟读

1	过奖	guòjiǎng	（动）	overpraise; flatter
				过奖啦，这是应该做的。
2	蛮	mán	（副）	pretty; quite
				你看，这种造型蛮独特的嘛。
3	面料	miànliào	（名）	(as opposed to lining or wadding of a garment) surface cloth or material
				这种高档面料做西装最好。
4	紧俏	jǐnqiào	（形）	in high (great) demand but short supply
				这类紧俏商品一般没有现货。
5	现货	xiànhuò	（名）	merchandise on hand
				这是现货的报价，比期货高2%。
6	尾声	wěishēng	（名）	end; epilogue
				谈判接近尾声，但还没结果。
7	反馈	fǎnkuì	（动）	feedback
				这是用户反馈的信息，很重要。
8	朝阳	zhāoyáng	（名）	sunrise
				我认为环保产业就是朝阳产业。
9	含金量	hánjīnliàng	（名）	real worth/value
				广交会的含金量在不断提高。
10	打造	dǎzào	（动）	forge; build; make
				中国应该打造国际品牌展会。
11	相关	xiāngguān	（动）	related
				先收集相关的信息，以便提前准备。

专名

1 广交会   Guǎngjiāohuì   [展会名]   China Import and Export Fair (Canton Fair)
明年广交会什么时候举办?

2 爱知世博会   Àizhī Shìbóhuì   [展会名]   EXPO 2005 AICHI, JAPAN
爱知世博会是哪年举办的?

2 熟语学习

1. **不期而遇**   bù qī ér yù   meet by chance

成语。意思是没有约会而意外相遇。说话人常表示一种庆幸遇见的感觉。例如:

① 早就和他失去联系了,没想到在广交会上与他不期而遇。
② 十多年没见了,没想到在火车上与他不期而遇。

2. **相约不如偶遇**   xiāng yuē bùrú ǒu yù   Making an appointment is not so good as meeting by chance.

俗语。意思是没有约会就遇到或见面,给人意外惊喜。例如:

A:什么时候到北京的?怎么也不打个电话?
B:嗐,相约不如偶遇嘛。要是提前说,那不就没意思啦?

3. **美中不足**   měi zhōng bù zú   a blemish in an otherwise perfect thing; a fly in the ointment

成语。意思是虽然很好,但还有缺陷。以委婉方式表示不满。例如:

① 登泰山而没有看到日出,总觉得美中不足。
② 这届展会办得不错,美中不足的是展期短了些。

4. **良莠不一**   liáng yǒu bùyī   the good and the bad are intermingled

成语。好的为"良",坏的或差的是"莠"(一种野草)。形容好坏混在一起,或好坏不相同。例如:

A:近年来,各省市纷纷举办形式不同的展销会。
B:可不。但是很有影响的不多,可以说良莠不一。

情景会话

【人物】白　琳：中国参展商
　　　　欧里卡：俄罗斯采购商
【场景】在广交会上，俄商欧里卡正在电脑前查询相关信息，一位女士朝她走过来。

白　琳：欧里卡，你好！
欧里卡：（拥抱）哦，是你，白经理！太巧啦！
白　琳：真是有缘啊。
欧里卡：白经理，在爱知世博会上，你我就不期而遇。
白　琳：可不，相约不如偶遇嘛！
欧里卡：可能是上帝的安排吧。
白　琳：哦，说得好，您简直是个中国通啦。
欧里卡：过奖啦。白经理，下个月我还要去北京参展。
白　琳：是吗！别忘了到时候跟我联系。
欧里卡：好的。要是有空儿，一定登门拜访。
白　琳：一言为定。噢，您是专程来的？
欧里卡：不，临时决定，从香港转机的。
白　琳：这么走，方便吗？
欧里卡：没问题。从办签证到预订车票、饭店什么的，一条龙服务。
白　琳：噢，效率蛮高的嘛！看我，光顾说啦，您要查什么来着？
欧里卡：没关系，纺织面料的展区位置。
白　琳：（递过去）您看，这是交易会提供的参展目录。
欧里卡：哦，不行，有的看不懂。
白　琳：走，我陪您去吧。
欧里卡：噢，不客气，你忙你的。
白　琳：（边走边说）没关系，顺路。欧里卡，您觉得，这届交易会办得怎么样？
欧里卡：总的来说，展品很丰富。　　　　　　　　　　　以总结方式引入话题
白　琳：那倒是，大到机器设备，小到生活日用品，可以说应有尽有。
欧里卡：但美中不足的是，个别紧俏商品现货不足。　　　评价展品，委婉地说
白　琳：可能是因为展会接近尾声，也可能是信息反馈慢。　明不满

欧里卡：也许吧。近年来，内地举办的展会也不少，但令人遗憾的是良莠不一。
白　琳：我想，这是经济转型中的一种现象。
欧里卡：可以理解。中国展业发展得很快，已成为朝阳产业。
白　琳：是的，像广交会这样的，含金量会不断上升。
欧里卡：没错。我觉得，应该打造品牌展会。
白　琳：是的。展业的发展将带动相关产业的发展。
欧里卡：是这样，必须走品牌化、国际化的发展道路。
白　琳：听您这么说，我很高兴。
欧里卡：哦，到了。在这儿分手吧。
白　琳：那好，我先去办事。这样吧，如果没特殊情况，今晚聚一下，好吗？
欧里卡：现在还说不好。这样吧，一会儿打电话再定。
白　琳：也好，要早点儿定，我好安排。
欧里卡：好的，回头见。（走进对面展区）

（评价展品，委婉地说明不满；评价展业；委婉表达方式）

情景会话要点

人物关系	提供服务	查询信息	打造品牌展会 对展品、展会、展业进行评价
白琳（参展商）	效率高	参展目录	1. 总的来说，……。大到……，小到……，可以说…… 2. 可能……，也可能…… 3. 像……这样的，含金量会不断上升 4. 展业的发展会带动相关产业的发展
欧里卡（采购商）	从……到……一条龙服务	纺织面料展区位置	1. 总的来说，展品很丰富，但美中不足的是，…… 2. ……展会也不少，令人遗憾的是良莠不一 3. 中国展业发展得很快，已成为朝阳产业 4. 我觉得，应该打造品牌展会 5. 是这样，必须走品牌化、国际化的发展道路

课堂练习

一 问一问

◆ 以第三者的身份回答下列问题：
1. 为什么白琳说她和欧里卡有缘分呢？
2. 如果你希望他人在某个时候跟你联系，如何向对方说明？
3. 欧里卡这次是专程去广交会的吗？
4. 客户可以在香港办理参加广交会的相关手续吗？
5. 可以通过什么方式来查找纺织面料的展区位置？

二 说一说

◆ 当你对某事物不满时，如何委婉地表达这一想法？例如：
1. 总的来说，展品很丰富，但美中不足的是，个别紧俏商品现货不足。
2. 我觉得，可能是因为展会接近尾声，也可能是信息反馈慢。
3. 近年来，内地举办的展会也不少，但令人遗憾的是良莠不一。
4. 我觉得，应该打造品牌展会，像广交会这样的，含金量会不断上升。
5. 我认为，中国展业的发展将带动相关产业的发展。

三 分组表演

◆ 你觉得这届博览会办得怎么样？

提示词语：总的来说 大到……，小到……，但美中不足的是，……

提示句子：总的来说，展品很丰富。大到机器设备，小到生活日用品，可以说应有尽有。但美中不足的是，个别紧俏商品现货不足。

◆ 简要评说一下中国展览业的发展状况：

提示词语：怎么说呢，我觉得，…… 令人遗憾的是，…… 说到…… 你看，……

提示句子：1. 怎么说呢，我觉得，中国展业发展得很快，已成为朝阳产业，但令人遗憾的是良莠不一。

2. 说到中国的展业，我觉得应该打造品牌展会，就像广交会这样的。你看，只有走品牌化、国际化的发展道路，才能提高中国展业的含金量。

第二单元　展卖大餐（推销与订购）

课后练习

一　练一练

▲ 用指定词语或结构说明你的看法或意见：

1. 你认为某人各方面都不错，但有一点不太满意，如何礼貌地说明这一看法？

　　_____（美中不足的是，……）

2. 你觉得某个展品不错，但有一点不太满意，如何礼貌地说明这一看法？

　　_____（令人遗憾的是，……）

3. 如果你不想说明哪点不好，如何委婉地表达这一想法？

　　_____（说不好）

二　答一答

▲ 简要评说中国广交会的发展情况，委婉地说明不满之处。

背景广角

1. "展卖"的意思是什么？

What does "fairs and sales" mean?

答：展卖是利用形式不同的博览会、展览会或交易会，把出口商品的展览和推销有机地结合起来，既展示又销售，但以销售为主。

"Fairs and sales" mean effective coordination of displays and sales of exported goods by holding expositions, exhibitions and trade fairs of various types, with more emphasis on the sales.

2. 国际展览会和博览会有何区别？

What are the differences between the exhibition and the international fair?

答：国际展览会（exhibition）是指某一国家通过选择适当的场所，将其商品集中进行展出和销售的贸易方式。其展销的场所和举办的时间都不是固定的。国际展览会是现货交易，易于对展出国的商品扩大宣传，提高知名度，有助于拓宽商品的销路。国际博览会（international fair）也称"国际集市"，是指在世界上一些著名的城市定期举办，各国商品集中展销的一种贸易方式。国际博览会可分为综合性和专业性两种类型：（1）综合性的国际博览会又称"水平型博览会"，即各种商品均可参加展出和交易。比较著名的有智利的圣地亚哥和叙利亚的大马士革的博览会。（2）专业性国际博览会又称"垂直型博览会"，即限制某类专业性商品参展和交易。如纽伦堡玩具展览会、慕尼黑的体育用品展览会、法兰克福的消费品展览会，等等，都是专业性很强的国际博览会。世界上定期举办国际博览会的城市主要有：意大利的米兰，法国的巴黎、里昂，奥地利的维也纳，德国的莱比锡、汉诺威、科隆，加拿大的蒙特利尔，澳大利亚的悉尼，日本的神户，波兰的波兹南，比利时的布鲁塞尔，芬兰的赫尔辛基，南斯拉夫的萨格勒布，荷兰的乌德勒支等。

The exhibition refers to a trade mode by which the host country picks an appropriate place to display and sell its goods and products. Neither the exhibiting place nor its time is fixed. It is featured by spot transactions, which are helpful for the host country to publicize its goods, make them popular and open up their future market. The international fair, also called the "international marketplace", is a trade mode that is regularly held in some well-known cities in the world. Here, goods from different countries can be put on display and sold. The international fair has two types: general and professional. Ⅰ. A general one is also called a "horizontal fair". It is a platform for displaying and selling all kinds of goods, such as Santiago Fair in Chile and Damascus International Fair in Syrian. Ⅱ. A professional international fair is also called a "vertical fair". Its display and sales can only be certain kinds of specialized goods. There have been a number of prestigious professional international fairs in the world today, such as Spielwarenmesse International Toy Fair Nürnberg, ISPO MUNICH, and Ambiente (in Frankfurt, Germany). International fairs are regularly held in cities like Milan of Italy, Paris and Lyon of France, Vienna of Austria, Leipzig, Hanoverian, and Cologne of Germany, Montreal of Canada, Sydney of Australia, Kobe of Japan, Poznan of Poland, Brussels of Belgium, Helsinki of Finland, Zagreb of Yugoslavia, and Utrecht of Netherlands, etc.

3. 你知道"广交会"吗？

What do we know about China Import and Export Fair?

答："广交会"的全称是"广州进出口商品交易会"，其前身为"中国出口商品交易会"（China Export Commodities Fair），又称广州交易会（Canton Fair），是一种邀请国外客户参加的集展览与交易相结合的商品展销会。1957年春季，中国举办了首届广交会，后来发展成每年春、秋两季各举办一次。到第101届，正式更名为"中国进出口商品交易会"。

China Import and Export Fair, also called Canton Fair, is developed from "China Export Commodities Fair" and held twice a year in spring and autumn respectively since its inauguration in the spring of 1957. It is a trade fair for display and sales, with foreign clients invited to participate. On the 101st Fair, it was named officially as China Import and Export Fair.

4. 什么是"世博会"？

What is the World Exposition?

答：世界博览会简称世博会，参展者向世界各国展示本国当代的文化、科技等方面的成果。自1851年英国伦敦举办第一届世博会以来，世博会因其发展迅速而享有"经济、科技、文化领域内的奥林匹克盛会"的美称。按照国际展览局的规定，世博会按性质、规模、展期分为两种：一种是注册类（以前称综合性）世博会，展期通常为6个月，从2000年开始每5年举办一次；另一类是认可类（也称专业性）世博会，展期通常为3个月，在两届注册类世博会之间举办一次。注册类世博会不同于一般的贸易促销和经济招商的展览会，是全球最高级别的博览会。

The World Expo is where participants of different countries all over the world display the achievements of their countries in economy, science and culture. Since the first World Expo was held in 1851 in London, it has been developing rapidly, and has earned the reputation of being "the Olympic Games in the fields of economy, science and technology and culture". As specified by the Bureau of International Expositions, the World Expo can be categorized into two types in terms of its nature, duration and scope. One is the International Registered Exhibition (formerly known as Comprehensive Exhibitions), which is held every 5 years since the year of 2000. It usually lasts 6 months. The other is the International Recognized Exhibition (also called Professional Exhibitions), which is held between two International Registered Exhibitions and often lasts 3 months. Ordinary exhibitions aim at promoting goods and attracting more investments, but the International Registered Exhibitions, going beyond these general purposes, are the top-level world expos.

5. 在展会开始之前，参展商应该做好哪些准备工作？

What preparation should exhibiters do before a trade fair?

答：展会前的准备工作，第一，展会的布置工作。第二，展会前的客户预约工作。第三呢，要准备好参展的材料，这是很重要的一部分，包括名片、产品资料、技术资料、证书、目录、价格表和技术标准。第四，还有纸杯、标签、档案袋、便笺纸、礼品的准备，这些都是很重要的。第五是参展人员的着装问题。你说说看，还需要提前准备些什么？

First, design and decorate the display place. Second, make appointments with clients. Third, a key part of the preparation, get ready business cards, product brochures, technical documents, credentials, catalogues, price lists, and technical standards, etc. Fourth, prepare enough paper cups, tags, file bags, notepaper, and gifts, which is an equally important part of the preparation. Fifth, choose the appropriate uniform for the staff involved in the exhibition. Think carefully about what else should be done in advance.

单元综合练习二

一　为加点的字选择正确的读音

1. 缩短（suǒ / suō）
2. 朝阳（zhāo / cháo）
3. 空间（kòng / kōng）
4. 紧俏（qiào / xiāo）
5. 手续（shù / xù）
6. 接触（chù / chǔ）
7. 不一（yí / yī）
8. 反馈（kuì / guì）
9. 名片（piàn / piānr）

二　根据句子内容，选择正确答案（在合适的选项前画√，可选多项）

1. 一般来说，举办一场国际展销会或博览会可能会涉及＿＿＿＿＿＿等方面的人员。
   - □组展商
   - □参展商
   - □主办方
   - □政府官员
   - □场地商
   - □采购商
   - □顾客

2. 从利益关系上看，参展商所交的参展费应包括＿＿＿＿＿＿等方面的费用。
   - □展位租赁费
   - □展会管理费
   - □展位装饰费
   - □展位设计费
   - □工作人员的薪金

3. 展会之前，参展商需要了解＿＿＿＿＿＿等方面的情况。
   - □销售地区
   - □人员素质
   - □客户需求
   - □生产能力
   - □展品情况
   - □地区差价

4. 在展会上，可以了解竞争对手的＿＿＿＿＿＿等方面的信息。
   - □品质
   - □价位
   - □客源
   - □研发方向
   - □市场定位
   - □生产规模

5. 展览业的发展可以带动_____等相关产业的发展。

　　□旅游　　　□餐饮　　　□娱乐　　　□交通　　　□广告　　　□制造业

　　□房地产　　□银行　　　□保险

三　为下列成语选择合适的解释

1. 不尽如人意（　　）　　A. 偶然相遇。

2. 应有尽有　（　　）　　B. 好坏都有。

3. 良莠不一　（　　）　　C. 有些不满意。

4. 不期而遇　（　　）　　D. 收获很大。

5. 满载而归　（　　）　　E. 什么都有。

四　用指定词语改述下列句子

1. 在中国展业中，广交会的知名度最高。（含金量）

　　_____

2. 你对中国的情况非常了解，简直就是个专家。（中国通）

　　_____

3. 样品的质量和价格我都很满意，就是样式不太好。（理想）

　　_____

4. 有空儿你去商店看看，兴许能买到你要的东西呢。（转转）

　　_____

5. 欢迎光临，有失远迎。（大驾）

　　_____

案例分析

【案情】

　　中国L公司到美国去参加一个羊毛制品展销会。一天，一位美国客商对L公司的羊毛披肩很感兴趣，他连问了三次："这是山羊绒披肩吗？"得到的回答都是肯定的。客人问明了原料与价钱后满意地走了，因为展区工作人员报给他的是"绵羊绒披肩"的价钱。他马上要求报最大量订货的单价。报价后，美国客商递上了他的名片，还说等会儿再来。他的名片上印的是"STEIN MART"的部门主管。这是美国拥有一两千家连锁百货店的大公司。半个钟头后，那位美国客商带来了三个人。每个人都看那种羊绒披肩的产品成分标志"Cashmere"，询问与"Pashmina"成分标签的区别，还递上了有相同格式的名片。第三天，那位美国客商又来了。他开始和工作人员讨论与订单有关的事情。他的成交条件是,所交的货物要与样品、检测标准等一致,要在美国交货,交货后两个月付款,交货必须准确。最后,L公司没有接受那份订单。

【要求】　你认为,L公司没有接受那份订单的理由是什么?选用下列词语来说明:
应当说……　令人遗憾的是……　怎么说呢　我觉得……　从……看
要是……,或许……

课上讨论

题目:简要评说一届世博会(如上海世博会)的举办情况,委婉地说明不满之处。

补充阅读

一、国际展览业一瞥

国际展览业是经济全球化的产物。在中世纪，作为展览会前身的贸易集市都是在人口集中、商业较为发达的欧洲城市举行。15世纪末至16世纪初，由于"地理大发现"的进展，世界各大洲的经济及文化交流日益密切，形成了连接大西洋、太平洋和印度洋的国际市场，使国际展览业逐步形成跨地区、跨国界的发展趋势。17世纪后，英国工业的快速发展，推动了世界经济的变革。欧洲一些发达国家的城市纷纷将其贸易集市发展成为具有较大规模的国际展览会或博览会，并开始建造展览场所。如1851年在伦敦首次举行了世界博览会，参展人员约14000多人，展览场所的面积达7.4万平方米。这标志着旧贸易集市向标准的国际展览会或博览会过渡。1894年，莱比锡举办了第一届工业样品博览会。

19世纪末到第一次世界大战前，为适应市场的变化，扩大对外贸易，展览业主改变过去单纯的商品展示方式，采取样品展示，邀请专业贸易人士前来参展，进行期货交易。二战后，国际展览业的发展为世界经济注入了活力。当时著名的"米兰博览会"、"莱比锡博览会"和"巴黎博览会"被誉为连接各国贸易的三大桥梁。进入20世纪70年代，随着国际分工的深化和科学技术的进步，国际展览业已形成庞大的产业规模。按业内权威人士估算，国际展览业的产值约占生产总值30万亿美元的1%。20世纪90年代以来，为适应信息技术发展的需要，国际展览业采用电子邮件、企业网页、网上申请等电子商务手段，提高了工作效率，降低了成本。与此同时，国际展览业内的巨头们正以兼并与合作的方式建立战略联盟，进行国际化运作，以便不断扩大世界展览市场的份额。如著名的展览公司瑞德和克劳斯联姻，共同开发通信、计算机展览市场。再如，德国汉诺威展览公司直接收购了上海一家较有名气的地面装饰展览公司。

（摘编自2002年7月17日《经济日报》）

二、经营之道

人称"拉链大王"的吉田忠雄，他的成功在于设计与销售。吉田工业株式会社的简称为"YKK"，是专门从事拉链生产的。经过几十年的苦心经营，拉链年销售额高达20亿美元，产量占日本国内生产的90%，占全球拉链总量的35%。吉田忠雄的信条是：按市场需求安排生产。也就是说，要及时了解市场需求，适时推出新产品。有人说：拉链的发展已走到尽头。经过市场调研，吉田认为非洲拉链市场的潜力很大。此外，他还在服饰及行李上为拉链开拓新市场。同时采取各种宣传方式，引导消费者把拉链用在渔网、防鸟网、米袋及各种布袋上，等等。他推出的拉链既可用于严寒天气，也可用于水里，还可用于腐蚀性的化学品中，真可谓无所不在。吉田忠雄创造了销售的神话，但他的经营理念没有改变：赚钱多多益善，利润不可独吞，1/3 低价交给消费者，1/3 交给经销商或代理人，1/3 用在自己的工厂。

【思考题】
1. 为什么人们称吉田忠雄为"拉链大王"？
2. 吉田忠雄经营成功的秘诀是什么？
3. 吉田忠雄的经营理念是什么？

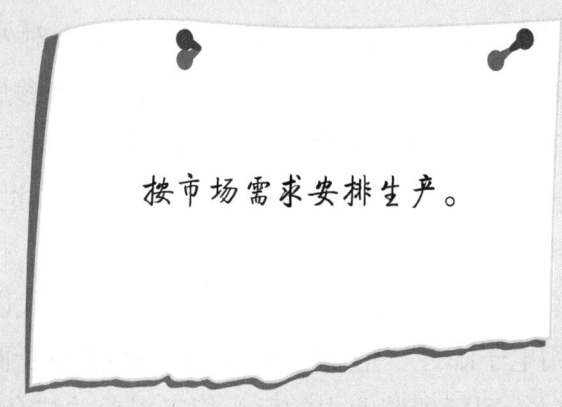

按市场需求安排生产。

知己知彼（价格）

第1课　询价与报价
第2课　还价与接受
第3课　还价与僵局

交际任务：报价与接受

一、说明某种产品的报价是否合理
二、对某种产品的价格走势进行预测
三、以比较方式委婉说明不同看法

话题背景

哪些因素会影响到报价的高低呢？一般来说，进出口商品的报价常受国内外市场供需变化的影响。比如说，有的商品受成本、天气、产量、库存量等因素的影响，导致供给增加或减少，这时报价就可能上涨或下跌。当然，最终还是由需求的多少来决定。在报价时，有的凭品质买卖，有的凭等级（grade）买卖，有的凭规格（specification）买卖，还有的凭产地买卖，等等。由于交易对象、季节、数量等不同，在报价时也略有差别。如果你对某种商品感兴趣，可根据上述不同情况向有关人员询价或报价。根据国际惯例，各种商品的报价有效期是不同的。只要报价合理，就应早日回复对方。否则，过了报价有效期，报价就无效了。

What factors usually influence the quotation of a price? Quoted prices for export and import goods are generally decided by the changes in supply and demand in domestic and foreign markets. For example, when the supply and demand of a commodity grow or shrink because of changes in its cost, the weather, output, or storage, its price is likely to fluctuate accordingly. Of course, the most critical factor that may decide the quotation is buyers' demands. Other factors, such as goods' quality, grade, specification, place of production, etc. should also be taken into consideration when a price is quoted. Plus, the quotation will also vary slightly with any change of trading partners, business seasons and quantities. If you are interested in one commodity, you should make an inquiry or an offer to the persons concerned in view of the above factors. According to international common practice, each quotation has its own validity, which suggests whenever a sensible or reasonable quotation is received, it is desirable to give a quick response. Otherwise, the quotation would be invalidated.

关键词语

价格：供应商　询价　报价　有效期　到岸价（CIF）　离岸价（FOB）　现货
　　　期价　差价　低于　高于　不亚于　不相上下　预测　照这样下去
　　　淡季　下滑　走高　等级

1 询价与报价

词语准备

词语跟读

1	榨	zhà	（动）	extract
	榨油厂的收购价上涨了百分之三。			
2	等级	děngjí	（名）	grade
	由于大豆的等级不同，豆油价格有所区别。			
3	下滑	xiàhuá	（动）	go down; slump
	与上年度同期相比，豆油价格下滑了2%。			
4	检测	jiǎncè	（动）	check; test; detect
	专家对国产大豆的蛋白质含量进行了检测。			
5	购销	gòuxiāo	（名）	purchase and sale; buying and selling
	听说去年秋季东北大豆购销两旺。			
6	期价	qījià	（名）	futures price
	一月份大豆期价又下跌了两个百分点。			
7	深加工	shēnjiāgōng	（动）	deep processing; further processing
	我国应逐步提高深加工产品的出口比重。			
8	预测	yùcè	（动）	predict; forecast
	请您对明年的大豆价格走势进行预测。			
9	走高	zǒugāo	（动）	go up; rise
	由于去年干旱，国内粮食价格持续走高。			

第三单元 知己知彼（价格）

熟语学习

1. **力不从心** lì bù cóng xīn   one's ability falling short of one's wishes; one's ability not equal to one's ambitions

    成语。表示心里想做而能力或力量办不到，与"心有余而力不足"的意思相近。例如：

    ① 这种好事谁不愿意做，但力不从心哪。
    ② 我也想多进口一些，但力不从心哪。

2. **害人害己** hài rén hài jǐ   Harm set, harm get.

    固定搭配。意思是对他人或自己都没有好处，相反的说法是"利人利己"。例如：

    ① 照这样下去，真让人担心，这不害人害己吗？
    ② 算了吧，这种害人害己的事还是别做为好。

3. **我说的嘛** wǒ shuō de ma   I told you.

    习用语。意思是原来是这样，表示对某事物明白或理解了。例如：

    A：我听说，他已经辞职回国啦。
    B：我说的嘛，怎么最近没见到他呢。

4. **舍近求远** shě jìn qiú yuǎn   seek from afar and neglect what lies close at hand

    成语。意思是放弃近的，寻找远的，形容做事走弯路。常用于反问句。例如：

    ① 你这不是舍近求远吗？国内也有销路嘛。
    ② 早知道这样，我也不会舍近求远啦。

情景会话

【人物】吴义祥：广州宏兴贸易有限公司职员
　　　　姜老板：红光榨油厂厂长
　　　　邓　涛：广州宏兴贸易有限公司经理

【场景】在广州宏兴贸易有限公司的办公区，吴义祥正在给姜老板打电话。

吴义祥：喂，姜老板吗？定了吗？数量。

姜老板：两三万吨还行。要是进口一船（5万吨），有点儿力不从心。

吴义祥：这样好吗？在国内采购一部分。

姜老板：哦……不行，不行，一定要进口的。

吴义祥：那好，等我的电话。（挂上电话）邓经理，这是东北供应商发来的询价单。您看，美商发来的报价单，有效期一周。

（询价单）

供应商	价格/公吨	涨/跌	等级	产地	影响价格高低的因素
哈尔滨	2900	+10	国产三等	中国	FOB 大连
					当地油厂收购价下滑
沈阳	2980	-20	国产三等	中国	FOB 大连
大连	3000	0	国产三等	中国	FOB 大连
美国	3200	+40	进口二等	美国	CIF 大连
					含油量高于国产的

邓　涛：（看了一会儿）你看，东北的报价低于到岸价（CIF），但等级不同。〔与不同等级相比，说明报价是否合理〕

吴义祥：是啊，东北供应商的询价，每公吨在2900到3000之间。

邓　涛：哈尔滨的询价低于其他两地，中间差价100。〔与不同客户相比，说明报价是否合理〕

吴义祥：这主要是受当地油厂收购价下滑的影响。从质量上看，不亚于其他两地。

邓　涛：听姜老板说，国产豆不如洋大豆，好像是含油量低于进口的。

吴义祥：这么说吧，问题出在收购上。

邓　涛：哦？收购上？〔与不同产地相比，说明报价是否合理〕

吴义祥：据专家说，目前国产豆的主要品种，蛋白质或含油量都高于进口的。

邓　涛：怪了，检测结果都低于进口的。

吴义祥：可不。因为收购或销售时，都是混装混运。

邓　涛：你是说，混在一起啦？

吴义祥：对呀。这种购销方式，真是害人害己呀。

邓　涛：我说的嘛，姜老板怎么舍近求远呢？

吴义祥：还有，国内大豆的加工规模在不断扩大，需求量可能还会增加。

〔预测市场供需变化，说明报价是否合理〕

邓　涛：这个，要提前准备。

吴义祥：好的。从国外的报价看，美商的现价（FOB）上升了3%。

邓　涛：阿根廷（Argentina）的也涨啦，这周的，每公吨上涨了80美分。

吴义祥：这个，与去年的干旱有关，会影响到国内市场。

邓　涛：可不，国内期价上涨了 5%。 ⎯⎯ 预测市场供需变化，说明报价是否合理

吴义祥：照这样下去，期价还会上涨。

邓　涛：有可能。随着国内深加工的不断扩大，恐怕会供不应求。

吴义祥：经理，要是这样，该早下订单。

邓　涛：说的是。这份报告，看过吗？

吴义祥：（接过来看）看了，对今明两年大豆的供需情况进行了预测。

邓　涛：你看，其中美国的产量创历史最高纪录。

吴义祥：有增有减，阿根廷和巴西（Brazil）的产量都有所下降。

邓　涛：是啊，让人担心的是，全球大豆的消费量增长很快。 ⎯⎯ 预测豆价走势，说明报价是否合理

吴义祥：可不。预计，国际市场的豆价将会持续走高。

邓　涛：对，得好好儿研究研究。

吴义祥：经理，最好早点儿答复对方。

邓　涛：不急，再等等。

情景会话要点

国内/外市场	中国东北供应商			国外供应商			表达方式
价格术语	FOB	FOB	FOB	CIF	?	?	低于 不亚于 我说的嘛 照这样下去 供不应求 让人担心的是
	询价/离岸价			报价/到岸价			
产地	哈尔滨	沈阳	大连	美国	阿根廷	巴西	
价格/公吨	2900元	2980元	3000元	3200元 有效期一周	?	?	
现货价	?	?	?	上升3% FOB	上涨 0.80美元	?	
期货价	期价上涨5%			?	?	?	
市场的供需变化	中国深加工的需求量增加			产量增加	干旱；产量减少		
	全球大豆的消费量增长很快			大豆的供给减少			

课堂练习

一 问一问

◆ 以第三者的身份回答下列问题：
1. 姜老板为什么非要购买进口大豆呢？
2. 为什么哈尔滨供应商的报价低于其他两地？
3. 为什么中国国产大豆的含油量低？
4. 近年来，中国进口大豆的数量为什么增长很快？
5. 今明两年国际市场的大豆价格为什么会持续走高？

二 说一说

◆ 如何用比较或预测方式说明自己的看法？例如：
1. 你看，东北的报价低于到岸价，但等级不同。
2. 哈尔滨的询价低于其他两地，中间差价100。
3. 从质量上看，不亚于其他两地。
4. 国产豆不如洋大豆，好像是含油量低于进口的。
5. 预计，国际市场的豆价将会持续走高。

三 分组表演

◆ 以比较方式说明各方报价是否合理：

提示词语：低于　高于　不亚于　照这样下去

提示句子：1. 你看，东北的报价低于到岸价，但等级不同。不过，听姜老板说，国产豆不如洋大豆，好像是含油量低于进口的。经理，要是这样，最好早下订单。

2. 东北供应商的询价，每公吨在2900到3000之间，差价100。你看，沈阳和大连的询价高于哈尔滨的，但从质量上看哈尔滨不亚于其他两地。您看，最好早下订单。

3. 据专家说，目前国产豆的主要品种，蛋白质或含油量都高于进口的。经理，要是这样，最好早点儿答复对方。

4. 从国外的报价看，美商的现价上升了3%。这个，与去年的干旱有关。照这样下去，期价还会上涨。我看，最好早下订单。

◆ 以比较方式说明中国大豆进口数量增加的原因：

提示词语：说到……　听说　据说　高于　低于　也就是说　恐怕

第三单元 知己知彼（价格）

提示句子：1. 说到这个，我听说检测结果证明，国产豆的含油量低于进口的。问题好像出在收购或销售上，也就是说，都是混装混运。所以说，有些榨油厂增加了进口的数量。

2. 据说，国内大豆的加工规模在不断扩大，恐怕会供不应求。我觉得，这是主要原因。

◆ 根据有关资料，预测今明两年国内外市场的豆价走势：

提示词语：据……分析　其中　分别　让人担心的是……　预计

提示句子：1. 你看，随着国内深加工的不断扩大，可能会供不应求。还有，据报告分析，阿根廷和巴西的产量都有所下降。这个，与去年的干旱有关。预计，国际市场的豆价将会持续走高。经理，要是这样，该早下订单。

2. 经理，根据资料分析，今明两年全球的大豆产量会增加，其中美国的产量创历史最高纪录，但阿根廷和巴西的产量都有所下降。让人担心的是，全球大豆的消费量增长很快。预计，今明两年国际市场的豆价将会持续走高。要是这样，该早下订单。

3. 从大豆的供需情况看，有增有减。去年美国的产量创历史最高纪录，而阿根廷和巴西的产量都有所下降。你看，令人担心的是，全球大豆的消费量增长很快。预计，国际市场的豆价还会不断上涨。经理，叫我说，该早下订单。

课后练习

一、练一练

▲ 用指定词语或结构说明你的看法或意见：

1. 如果进口大豆的价格比国产的高，进口数量会有什么变化？
　　　　　　　　　　　　　　　　　　　　　　　　　（高于）

2. 如果进口大豆的价格比国产的低，进口数量会有什么变化？
　　　　　　　　　　　　　　　　　　　　　　　　　（低于）

3. 如果进口大豆的等级与国产的相同，如何说明这一点？
　　　　　　　　　　　　　　　　　　　　　　　　　（不亚于）

二、答一答

▲ 通过对比分析，说明中国国产大豆与进口大豆各自的优势。

2 还价与接受

词语准备

词语跟读

1	羊绒	yángróng	（名）	cashmere
				我们出口的是羊绒衫，而不是羊毛衫。
2	品尝	pǐncháng	（动）	taste; savour
				这可是福建的乌龙茶，品尝一下吧。
3	款式	kuǎnshì	（名）	style
				这几件套装是今年新推出的流行款式。
4	搭配	dāpèi	（动）	assort or arrange in pairs
				你看，这几种色调搭配在一起，也许更好。
5	手感	shǒugǎn	（名）	feel; touch
				这种面料手感好，色调淡雅，销路一直不错。
6	缩水	suōshuǐ	（动）	shrink
				我认为，这种羊绒制品水洗后容易缩水。
7	系列	xìliè	（名）	series
				我们专门经销联想的电子系列产品。
8	品位	pǐnwèi	（名）	taste
				我认为，各人品位不同，看法也不同。
9	规格	guīgé	（名）	specification
				你看，哪种规格的围巾适合与西装搭配？
10	零售	língshòu	（动）	retail
				报价有些偏高，会直接影响到零售价。
11	徘徊	páihuái	（动）	wander; linger about
				羊绒价格一直徘徊在每千克400元左右。

| 12 | 破例 | pò//lì | （动） | make an exception |

公司管理很严，怎么能为一个人而破例呢？

专名

| | 单萍 | Shàn Píng | [人名] | Shan Ping |

单萍是陈经理的秘书。

熟语学习

1. 锦上添花　jǐn shàng tiān huā　add flowers to embroidery

　　成语。比喻使美好的事物更加美好。常用于提出新的建议，意思是"如果……，那就更好了"。例如：

　　①这套西装的款式不错，再配上这条领带，可以说是锦上添花。

　　②依我看，在客厅一角摆上一盆绿色植物，可以说是锦上添花。

2. 羊毛出在羊身上　yángmáo chū zài yáng shēnshang　after all, the wool comes from the sheep's back; in the end, you have to pay for whatever you get

　　俗语。比喻表面上用于某人或某些人的钱物，最终还是取自某人或某些人自身。例如：

　　A：王经理，给5%的回扣，总可以了吧？

　　B：史先生，羊毛出在羊身上，这可不是降价。

3. 赔本赚吆喝　péi běn zhuàn yāohe　lose money to attract most attention.

　　俗语。常形容价格低，没有赚头或没有什么利益等。例如：

　　A：沈老板，贵方的报价高于其他供应商两个百分点。

　　B：你看，市价上涨这么快，总不能赔本赚吆喝吧。

情景会话

【人物】史蒂芬：加拿大进口商

　　　　柯丽娜：史蒂芬的秘书

陈　阳：北京利德贸易公司经理
单　萍：陈阳的秘书

【场景】经朋友引见，史蒂芬去北京利德贸易公司拜访陈经理，商谈羊绒围巾进口一事。

单　萍：你好，先到会客室吧。
史蒂芬：谢谢。陈经理在吧？
单　萍：在，一会儿就过来。
陈　阳：（推开门）对不起，有点儿急事，让二位久等啦。
史蒂芬：（站起来）不客气，怪我们事先没打招呼。
陈　阳：（握手）没关系，赵先生的朋友就是我的朋友。
史蒂芬：谢谢。这是我的名片。
陈　阳：单秘书，把乌龙茶拿来。
单　萍：好的。（沏茶）请。
史蒂芬：不错，很地道。
柯丽娜：福建产的，的确好喝。
陈　阳：那好，有机会再请二位品尝，但可不是"喝"呀，要"品"。
柯丽娜：哦，你看我，汉语真糟糕。
陈　阳：哦，哪里，哪里！对了，寄去的样品，满意吗？
史蒂芬：这么说吧，款式和质量都不错，但美中不足的是，色调搭配单一了些。 ── 评价围巾，委婉地表示不满
陈　阳：这好说。你看，手感好，不褪色，不缩水。
单　萍：（手拿图样）请看这组，是男士系列围巾，以咖啡色为主。
史蒂芬：这种色调，好像不太正。 ── 委婉地表示不满
单　萍：说到这个，我觉得与服装搭配有关。 ── 委婉地说明不同看法
史蒂芬：有道理，围巾与服装搭配的关键主要是色调。
陈　阳：对。要是搭配得好，那可是锦上添花。
史蒂芬：叫我说，如何搭配，还要看个人品位。
陈　阳：那倒是。单秘书，这周的报价单有吗？
单　萍：有，请看。
柯丽娜：（低语）您看，这种规格的比较好。
史蒂芬：（边看边说）每条100美元CFR温哥华（Vancouver）。
单　萍：这是最新的报价。
史蒂芬：这个报价是否偏高了些？陈经理。
陈　阳：说实话，尽管原料涨价了，可报价跟以往不相上下。 ── 与原料价格相比，说明报价合理

史蒂芬：要说这个，跟澳商的报价比，高了将近4%。　　与其他客户相比，说明报价不合理

陈　阳：俗话说"一分钱一分货"嘛。

史蒂芬：要是按这个价格买进，会影响到零售价。　　委婉地说明报价不合理

陈　阳：你看，我们出口的是羊绒围巾，而不是羊毛的，对吧？

单　萍：（与陈经理低语）对不起，我能说一下吗？　　与不同原料相比，委婉地说明报价合理

史蒂芬：不客气，请讲。

单　萍：（递过去）请看这个比价表。

史蒂芬：羊绒市场的价格，4月份至5月份，有所回落。

单　萍：是的，5月中旬开始上扬，一直徘徊在400元左右。

陈　阳：对吧？这个报价还是很公道的。

史蒂芬：这要看怎么说啦。　　委婉地表示反对

陈　阳：嗐，水涨船高嘛。

史蒂芬：你是说，羊毛出在羊身上，对吗？

陈　阳：哦，误会，误会啦。

史蒂芬：总不能赔本赚吆喝吧，陈经理？　　委婉地说明报价不合理

陈　阳：言重，言重啦，最好找个双赢的办法。

史蒂芬：那当然好，说说看。

陈　阳：这样吧，考虑到第一次合作，破一次例，给您2%的折扣。

史蒂芬：这个好。你看，你发，我发！大家长久地发！

陈　阳：那好，每条98美元CFR温哥华。

史蒂芬：好，一言为定！

情景会话要点

人物关系	询价 → 报价 → 还价 → 接受	
陈阳 （出口商）	每条 100 美元 CFR 温哥华	报 价
	1. 说实话，尽管原料涨价了，可报价跟以往不相上下 2. 你看，我们出口的是羊绒围巾，而不是羊毛的，对吧 3. 请看这个比价表，5月中旬开始上扬，这个报价还是很公道的，水涨船高嘛 4. 考虑到第一次合作，破一次例，给您2%的折扣	1. 与原料价格对比 2. 与不同品质对比 3. 与不同原料对比 4. 与不同时期对比
	每条 98 美元 CFR 温哥华	按……成交
史蒂芬 （进口商）	这个报价是否偏高了些？	提出不同看法
	1. 要说这个，跟澳商的报价比，高了将近4% 2. 要是按这个价格买进，会影响到零售价 3. 这要看怎么说啦 4. 你是说，羊毛出在羊身上，对吗 5. 总不能赔本赚吆喝吧	1. 与不同报价对比 2. 与批发价对比 3. 与上涨幅度对比 4. 讨价还价
	这个好	接受

课堂练习

◆ 一 问一问

◆ 以第三者的身份回答下列问题：

1. 柯丽娜为什么说自己的汉语真糟糕？
2. 史蒂芬认为寄去的样品怎么样？
3. 陈经理是怎么介绍产品特点的？
4. 单秘书是怎么介绍产品色调的？
5. 他们认为围巾的色调与什么有关？

二 说一说

◆ 如何以比较方式说明你方的报价合理或对方的报价偏高？例如：
1. 说实话，尽管原料涨价了，可报价跟以往不相上下。
2. 要说这个，跟澳商的报价比，高了将近4%。
3. 要是按这个价格买进，会影响到零售价。
4. 你看，我们出口的是羊绒围巾，而不是羊毛的，对吧？
5. 你看，总不能赔本赚吆喝吧，陈经理？

三 分组表演

◆ 如果对某种色调不满，如何以比较方式委婉地说明你的想法？

提示词语：这么说吧　美中不足　说到……　你看　叫我说，……

提示句子：1. 这么说吧，款式和质量都不错，但美中不足的是，色调搭配单一了些。
2. 你看，手感好，不褪色，不缩水，但遗憾的是，色调搭配单一了些。
3. 说到这个，我觉得与服装搭配有关。要是搭配得好，那可是锦上添花。
4. 叫我说，如何搭配，还要看个人品位。要是与黑色大衣搭配，那可是锦上添花。

◆ 如果你是出口商，如何以比较方式说明自己的报价合理？

提示词语：不是……，而是……　跟……不相上下　比……上涨……　回落　上扬　你看

提示句子：1. 俗话说"一分钱一分货"嘛。你看，我们出口的是羊绒围巾，而不是羊毛的，对吧？
2. 说实话，尽管原料涨价了，可报价跟以往不相上下。你看，总不能赔本赚吆喝吧。
3. 请看这个比价表。羊绒市场的价格在5月中旬开始上扬，这个报价还是很公道的。你看，水涨船高嘛，赵经理。

◆ 如果你是进口商，如何以比较方式说明对方的报价偏高？

提示词语：按……买进　跟……比　零售价　你看　赔本赚吆喝

提示句子：1. 陈经理，要是按这个价格买进，可能会影响到零售价。你看，总不能赔本赚吆喝吧。
2. 你看，跟澳商的报价比，高了将近4%。黄经理，要是按这个价格买进，可能会影响到零售价。你看，总不能赔本赚吆喝吧。

课后练习

◆ 练一练

▲ 用指定词语或结构说明你的看法或意见：

1. 如果你认为女士西装的样式少，如何以对比方式说明你的看法？
   _____（单一）

2. 如果用两种事物对比说明报价合理或偏高，如何说明这一想法？
   _____（不是……而是……）

3. 如果与其他产商的报价相比，怎么说明报价相差不大？
   _____（不相上下）

3 还价与僵局

词语准备

词语跟读

1	僵局	jiāngjú	（名）	deadlock; impasse
				要是双方各让一步，也不会出现僵局。
2	橡胶	xiàngjiāo	（名）	rubber
				我们出口的这批橡胶是海南产的。
3	小瞧	xiǎoqiáo	（动）	look down upon
				你可不要小瞧他，本事大着呢。
4	货源	huòyuán	（名）	source of goods; supply of goods
				由于货源不足，无法按时交货。
5	廉	lián	（形）	cheap
				我们的产品质优价廉，很有竞争力。
6	缺口	quēkǒu	（名）	gap
				国内产量不断提高，原材料缺口很大。
7	提升	tíshēng	（动）	promote
				随着新技术的应用，产品质量有了很大提升。
8	定局	dìngjú	（名）	foregone conclusion; inevitable outcome
				不瞒您说，这事已成定局，无法改变。
9	淡季	dànjì	（名）	slack season; dull season
				旅游淡季的报价低于旺季30%。

专名

	海口	Hǎikǒu	［地名］	Haikou, capital of Hainan Province
				你是说装运港在海南省的海口吗？

熟语学习

1. 知己知彼 zhī jǐ zhī bǐ know both your opponent and yourself

成语。《孙子·谋攻》:"知彼知己,百战不殆(dài,危险)"。现在常说"知己知彼",指对自己的情况和对方的情况都有深入的了解。例如:

A:这事先别决定,要调查清楚再说。
B:有道理,知己知彼,不打无准备之仗。

2. 无话可说 wú huà kě shuō have nothing to say

习用语。常用于肯定、责备、批评等功能表达方式。例如:

① 你要是能做好,他也就无话可说啦。
② 如果这次合作成功了,他也就无话可说了。

3. 随行就市 suí háng jiù shì fluctuate in line with market conditions

成语。价格随着市场的行情而变动。例如:

① 如果货源充足,价格自然会随行就市回落了。
② 随行就市嘛,价格上涨也是可以理解的。

情景会话

【人物】罗建锡:韩国进口商
　　　　于洪涛:海南庆风橡胶厂厂长
【场景】在海南庆风橡胶厂的厂长办公室,于厂长就合成橡胶出口一事,与韩商讨论新的报价。

罗建锡:关于价格问题,我想再说两句。
于洪涛:(电话铃声)对不起,请稍等。
罗建锡:不客气。
于洪涛:啊,啊,这个,我这儿有客人,回头再说。
　　　　(挂电话)对不起,刚才说什么来着?

第三单元　知己知彼（价格）

罗建锡：我是说，其他厂家报的离岸价（FOB）都低于贵方。　　　与不同客户相比，说明报价不合理

于洪涛：不是我小瞧他们，洪峰厂的产能有限，很难满足贵方的需要。

罗建锡：这不假，真是知己知彼呀。

于洪涛：据我所知，其他两家的报价每公吨分别是人民币14500和14300。

罗建锡：您看，我没说错吧。　　　与以往价格相比，说明报价合理

于洪涛：坦率地说，每公吨已经让了120，总不能赔本赚吆喝吧。

罗建锡：看您说的，情况不同嘛。

于洪涛：不同？难道质量不如他们？

罗建锡：那倒不是。单说质量，无话可说。

于洪涛：那就好。您也清楚，我们的货源充足。　　　以货源充足说明报价合理

罗建锡：是的，这是贵方的优势。

于洪涛：再说了，有的呢报价低，但质量不稳定。

罗建锡：可不，这正是我所担心的。　　　与同类产品相比，委婉地说明报价合理

于洪涛：不客气地说，在同类产品中，我们的质优价廉。

罗建锡：质优，我同意。价格，竞争力不大。　　　以比较方式还价

于洪涛：这要看怎么说啦，一分钱一分货嘛。

罗建锡：这样好吗？每公吨人民币15000。

于洪涛：这个价，拿不下来。　　　与原料价格相比，说明报价合理

罗建锡：要是这样……

于洪涛：您也知道，泰国、印尼等主产国连续降雨，天胶价格已经上涨。

罗建锡：尽管这样，也不至于这么高吧？　　　预测市场供需变化，说明报价合理

于洪涛：与上个月相比，现价和期价分别上升了9.1%和6.9%。

罗建锡：不管怎么说，希望您再考虑考虑。

于洪涛：您看，一方面是供应减少了，另一方面需求旺盛，供需平衡出现了较大的缺口。

罗建锡：是的。保守估计，明年全球天胶需求还会提升，预计会有新的突破。

于洪涛：有这个可能。

罗建锡：是啊，的确令人担忧。

于洪涛：您看，在未来几年，天胶供不应求已成定局。　　　预测市场供需变化，说明报价合理

罗建锡：您的意思是？

于洪涛：我认为，随着中国经济的快速发展，国内天胶需求也在增加。

罗建锡：话又说回来，于厂长，在销售淡季进货，对我们非常不利。

与不同季节相比，说明报价不合理

于洪涛：要是增加订购数量，倒是可以考虑。
罗建锡：每公吨 15000 元 FOB 海口，怎么样？
于洪涛：我看，还是要从长远的利益考虑。
罗建锡：要是贵方坚持这个价格，我们只能表示遗憾啦。
于洪涛：看您说的，我们还是希望继续合作的。
罗建锡：那您说怎么办？
于洪涛：老规矩，随行就市嘛。
罗建锡：看来，你我都需要再考虑一下。
于洪涛：也好，买卖不成情义在嘛。

> 委婉地表示拒绝

情景会话要点

人物关系	影响天胶报价的因素				国际市场天胶的价格走势		
	产能	品质	季节	数量	泰国（产地）	印尼（产地）	中国（需求）
于洪涛（出口商）	1. 洪峰厂的生产能力有限，我们的货源充足　2. 有的呢报价低，但质量不稳定　在同类产品中，我们的质优价廉　3. 老规矩，随行就市嘛　要是增加订购数量，倒是可以考虑				1. 泰国、印尼等主产国连续降雨，天胶价格已经上涨　2. 与上个月相比，现价和期价分别上升了 9.1% 和 6.9%　3. 一方面是供应减少了，另一方面需求旺盛，供需平衡出现了较大的缺口　4. 在未来几年，天胶供不应求已成定局　5. 国内天胶需求也在增加		
罗建锡（进口商）	1. 其他厂家报的离岸价（FOB）都低于贵方　2. 质优，我同意。价格，竞争力不大　3. 在销售淡季进货，对我们非常不利				保守估计，明年全球天胶需求还会提升，预计会有新的突破		

课堂练习

一 问一问

◆ 以第三者的身份回答下列问题：
1. 于厂长认为其他公司报价偏低的原因是什么？
2. 为什么于厂长认为他们的报价有竞争力？
3. 于厂长认为自己的报价合理，理由是什么？
4. 韩商为什么认为出口商的报价偏高？
5. 于厂长以什么作为还价的条件？

二 说一说

◆ 如何用比较的方式说明"还价"的理由？例如：
1. 我是说，其他厂家报的离岸价都低于贵方。
2. 不客气地说，在同类产品中，我们的质优价廉。
3. 质优，我同意。价格，竞争力不大。
4. 你也知道，泰国、印尼等主产国连续降雨，天胶价格已经上涨。
5. 于厂长，在销售淡季进货，对我们非常不利。

三 分组表演

◆ 出口商认为自己的报价合理：

提示词语： 你也清楚　不客气地说　这要看怎么说　你也知道　坦率地说　我看

提示句子：
1. 罗先生，不是我小瞧他们，洪峰厂的产能有限，很难满足贵方的需要。你也清楚，我们的货源充足，对吧？
2. 这要看怎么说啦，一分钱一分货嘛。不客气地说，在同类产品中，我们的质优价廉。你也清楚，我们的货源充足，对吧？
3. 这个价，拿不下来。你也知道，泰国、印尼等主产国连续降雨，天胶价格已经上涨。坦率地说，每公吨已经让了120，总不能赔本赚吆喝吧。
4. 老规矩，随行就市嘛。我看，还是要从长远的利益考虑。要是增加订购数量，倒是可以考虑。

◆ 进口商认为对方的报价偏高：

提示词语：想必您也清楚　单说……　你看　看您说的　这样好吗　话又说回来　看来

提示句子：1. 关于价格问题，我想再说两句。想必您也清楚，其他厂家报的离岸价都低于贵方。

2. 单说质量，我无话可说。价格，竞争力不大。您看，其他厂家报的离岸价都低于贵方。

3. 看您说的，情况不同嘛。这样好吗？每公吨人民币15000。话又说回来，于厂长，在销售淡季进货，对我们非常不利。

4. 看来，你我都需要再考虑一下。要是贵方坚持这个价格，我们只能表示遗憾啦。

课后练习

一 练一练

▲ 用指定词语或结构说明你的看法或意见：

1. 当你用时间词语来说明价格的变化时，如何表明你的看法？
　　_____（到……为止）

2. 当你对某种商品的价格走势进行预测时，如何说明你的看法？
　　_____（预计）

3. 当你对某种商品的需求数量进行预测时，如何说明你的看法？
　　_____（据……测算）

二 答一答

▲ 对全球天胶供需走势进行预测。

三 语段表达

▲ 根据相关资料，对全球天胶需求与供给的走势进行预测：

一方面……，另一方面……　保守估计　预计……　在未来的……年内，……

1. 您看，一方面是供应减少了，另一方面需求旺盛，供需平衡出现了较大的缺口。保守估计，明年全球天胶需求还会提升，预计会有新的突破。

2. 您看，在未来几年内，天胶供不应求已成定局。叫我说，这个报价还是很合理的。

背景广角

1. 何谓"价格术语"?
What are "price terms"?

答:也称"贸易术语"(trade terms)或"价格条件"。是指用一个简短的概念或外文缩写来表明商品价格的构成、买卖双方有关货物交接的手续、费用和风险责任的划分。常用的价格术语有以下六种:

The "price term", also known as the "trade term" or "price condition", refer to a brief concept represented by an abbreviation in English letters that indicates the price composition, the respective responsibilities of both parties, and the costs and risks of their business transactions under the negotiated price terms. There are six commonly used price terms:

价格术语 Price Terms	英文 English	中文 Chinese	运输方式 Means of Conveyance	交货地点 Places of Delivery	风险划分界限 Categorization of Risks	责任 Responsibilities			费用 Costs			
						租船订舱 Booking vessels	办理保险 Providing insurance	运费 Transportation expenses	保费 Premium	出口税 Export tax	进口税 Import tax
FOB	Free On Board	装运港船上交货	水运方式 By Water	出口国装运港指定船上 FOB of the exporting country	卖方承担货物装上船为止的一切风险 The seller bears all the risks until the goods are loaded.	买方 Buyer	买方 Buyer	买方 Buyer	买方 Buyer	卖方 Seller	买方 Buyer
CFR	Cost and Freight	成本加运费	水运方式 By Water	出口国装运港指定船上 FOB of the exporting country	卖方承担货物装上船为止的一切风险 The seller bears all the risks until the goods are loaded.	卖方 Seller	买方 Buyer	卖方 Seller	买方 Buyer	卖方 Seller	买方 Buyer
CIF	Cost Insurance and Freight	成本加保险费、运费	水运方式 By Water	出口国装运港指定船上 FOB of the exporting country	卖方承担货物装上船为止的一切风险 The seller bears all the risks until the goods are loaded.	卖方 Seller	卖方 Seller	卖方 Seller	卖方 Seller	卖方 Seller	买方 Buyer
FCA	Free Carrier	货交承运人		出口国指定交货地点 Place of delivery specified by the exporting country	货交买方承运人或其他人 To free carrier of the buyer or other person	买方 Buyer	买方 Buyer	买方 Buyer	买方 Buyer	卖方 Seller	买方 Buyer
CPT	Carriage paid to...	运费付至目的地	任何运输方式 Any means of conveyance	进口国指定交货地点 Place of delivery specified by the importing country	货交承运人 FCA (Free Carrier)	卖方 Seller	买方 Buyer	卖方 Seller	买方 Buyer	卖方 Seller	买方 Buyer
CIP	Carriage Insurance paid to...	运费、保费付至目的地		进口国指定交货地点 Place of delivery specified by the importing country	货交承运人 FCA (Free Carrier)	卖方 Seller	卖方 Seller	卖方 Seller	卖方 Seller	卖方 Seller	买方 Buyer

2. 在国际市场商品价格有哪几种呢？

How many types of prices are applied in international markets? And what are they?

答：主要有五种：一是成交价格。该价格除了反映一般行情变化外，有时还反映某些特别条件。如价格的高低、成交额多少、商品品质的好坏、支付条件以及买卖双方的业务关系等。通常，成交价格与成交额的大小、业务关系的长短成反比，与商品品质成正比。二是交易所价格。交易所是一种有组织的市场，许多大宗初级产品都是通过这种特殊的渠道进行的。交易所进行的交易分两种：实物交易和期货交易。交易所价格主要是由供求的自发波动决定的，其成交价格常被称为世界价格，是许多国家签订合同确定价格的主要依据。交易所的现货和期货价格对于分析和预测大宗初级产品的市场价格具有重要作用。三是拍卖价格。它是一种现货成交价，不附带任何其他条件，能反映某些商品市场行情的变化和水平。四是开标价格。某一国家或大企业为购进大批物资，有时以公告方式向世界承销商招标，通过招标而成交。成交的价格往往低于一般成交价格。五是参考价格。是指经常在各种期刊和批发价格表上公布的价格，只能起参考作用，实际成交价格等于参考价格减去折扣或加上涨价的部分。

There are 5 major types: A. Transaction Price. It can reflect normal market fluctuations, and some other special conditions such as market price, business volumes, goods quality, payment terms, and business relations between buyers and sellers. Transaction Price is usually inversely proportional to business volumes and relations, and directly proportional to goods quality. B. Exchange Price. An exchange is an organized market through which many primary bulk commodities are transacted. Transactions in an exchange can be categorized into actuals and futures. Exchange price is principally determined by spontaneous fluctuations in supply and demand. Its closing price is often called as world price, which makes it, for many countries, one of the major factors that decide prices in contract-making. Thus, it (exchange price of both actuals and futures) is of great importance in analyzing and predicting the price of primary bulk commodities. C. Auction Price. Since it's a kind of spot price without any other additional conditions, it is more liable to reflect the goods' current market and its fluctuations. D. Tenders Price. Sometimes when a nation or a big enterprise intends to purchase large quantities of goods, it can reach the deal by inviting a public bidding to underwriters around the world, which more often makes tenders price lower than the average transaction price. E. Indication Price. It refers to the price published in various journals, periodicals or on wholesale tariffs and is used only for reference. Usually the actual transaction price is about equal to what indication price minus the discount or plus the rise.

单元综合练习三

一 为加点的字选择正确的读音

1. 供应（yīng / yìng）
2. 考虑（lù / lì）
3. 回落（luò / lào）
4. 混装（hùn / hún）
5. 价廉（liān / lián）
6. 单一（dān / shàn）
7. 吆喝（hē / he）
8. 高于（yú / yu）
9. 预测（cè / chè）

二 根据句子内容，选择正确答案（在合适的选项前画√，可选多项）

1. 在国际贸易中，_____等三种价格术语只适合水上运输方式。
   ☐ FOB   ☐ FCA   ☐ CFR   ☐ CPT   ☐ CIF   ☐ CIP

2. 在国际贸易中，_____等两种价格术语的交货地点在出口国。
   ☐ FOB   ☐ FCA   ☐ CFR   ☐ CPT   ☐ CIF   ☐ CIP

3. 在国际贸易中，_____等三种价格术语的风险转移在货物越过船舷。
   ☐ FOB   ☐ FCA   ☐ CFR   ☐ CPT   ☐ CIF   ☐ CIP

4. 在报价中，_____等四种价格术语包括运输费用。
   ☐ FOB   ☐ FCA   ☐ CFR   ☐ CPT   ☐ CIF   ☐ CIP

5. 在报价中，_____等两种价格术语包括保险费用。
   ☐ CIF   ☐ FOB   ☐ FCA   ☐ CFR   ☐ CPT   ☐ CIP

三 为下列词语选择合适的解释

1. 我说的嘛（   ）   A. 对双方的情况都很了解。
2. 害人害己（   ）   B. 肯定事物某方面的情况。
3. 无话可说（   ）   C. 对自己对别人都不利。
4. 知己知彼（   ）   D. 原来是这样。
5. 随行就市（   ）   E. 价格随行情变化。

四 用指定词语改述下列句子

1. 这是公司的规定，不能不处理。（破例）

_____

2. 你可别小看她，能耐大着呢。（小瞧）

3. 曹经理，来不及了，这事已无法改变。（定局）

4. 今年上半年，黄金价格在每克130元上下浮动。（徘徊）

5. 苏经理，这次去西部投资，听说你又赚了不少。（发）

案例分析

【案情】　美国著名发明家爱迪生在M公司担任电气技师时，他的一项发明获得了专利。公司经理表示愿意购买那项专利权，问他要多少钱。当时，爱迪生想，只要能卖到5000美元就不错了，但他没有说出来，只是对经理说："您一定知道这项专利技术对公司的价值，价钱还是请您先说吧！"经理报价道："40万美元，怎么样？"还能怎么样呢？当然按这个价格成交啦。因此，爱迪生获得了意想不到的巨款，为日后的发明创造提供了资金的保证。

【要求】　当公司经理问爱迪生要多少钱时，他为什么采取后报价法？选用下列词语来说明：

之所以……，是因为……　跟……不相上下　差别很大　报价　预算

【问题】　1. 你认为哪一方应该先报价？

2. 你认为先报价好，还是后报价好？

3. 你认为还可以运用哪些方法向对方报价？

课上讨论

题目：从报价策略来看，可以运用哪些表达方式来向对方报价？

 补充阅读

一、哪些因素会影响报价的高低

在进出口贸易时，同类商品的报价为什么会有一定的差价？主要有以下几种原因：

第一，由于商品品质不同，存在一定的等级差价。

第二，由于销售时间不同，存在一定的淡旺季差价。

第三，由于销售地点不同，存在一定的地区差价。

第四，由于成交金额不同，存在一定的数量差价。

第五，由于交易对象不同，存在一定的优惠差价。

第六，由于交货期限不同，存在现货与期货的差价。

第七，由于商品包装不同，存在精装与简装的差价。

第八，由于投保范围不同，存在保险险别的差价。

第九，由于商标价值不同，存在品牌知名度的差价。

第十，由于收汇期限不同，存在一定的利率或汇率的差价。

第十一，由于国内外市场供求不同，存在一定的差价。

第十二，由于某一产品的生命周期不同，存在阶段性的差价。

二、经营之道

在美国零售业中，无人不知"基督教商店"的创始人彭奈先生。他对"货真价实"的解释并不是"物美价廉"，而是什么价钱买什么货。他有一个与众不同的做法，就是把顾客当成自己的人，事先说明商品的档次。记得彭奈第一家零售店开张不久，一位中年男子来店里买搅蛋器。店员问："先生，您是想要好一点儿的，还是次一点儿的？"那位中年男子听后有些不快："当然是要好的，不好的东西谁要？"店员就把最好的一种"多佛"牌搅蛋器拿给他看。男子看了一下问："这是最好的吗？"

"是的，而且是牌子最老的。"

"多少钱？"

"120元。"

"什么？怎么这么贵？我听说，最好的才六十几块钱。"

"六十几块的我们也有，但那不是最好的。"

"可是，也不至于差这么多钱啊！"

"差得不多，还有十几元一个的呢。"那男子听店员这么说，脸上显出不高兴的样子，掉

头就想走。彭奈这时急忙赶过去，对男子说："先生，你想买搅蛋器吧？我来介绍一种好产品给你。"那男子好像又有了兴趣，问："什么样的？"彭奈拿出另外一种牌子来说："就是这种，你看一下。样子还不错吧？"

"多少钱？"

"54元。"

"照你店员刚才的说法，这不是最好的，我不要。"

"我的这位店员刚才没有说清楚，搅蛋器有好几种牌子，每种牌子都有最好的。我刚才拿出的这种，是这个牌子中最好的。"男子有些不相信地说："可为什么比多佛牌的差那么多钱呢？""这是制造成本的问题。每种品牌的机器构造不同，所用的材料不同，所以在价格上会有出入。至于多佛牌的价钱高，有两个原因，一是它的牌子信誉好，二是它的容量大，适合做糕点生意用。"彭奈耐心地说。

那男子脸色缓和了许多："噢，原来是这样啊。"彭奈又说："其实有很多人喜欢用这种新牌子。就拿我来说吧，用的就是这种牌子，性能并不怎么差。而且它有一个最大的优点：体积小，用起来方便，一般家庭最合适。你家有多少人？"男子回答："五个。""那再合适不过了。我看你就拿这个回去用吧，保证不会让你失望。"那位顾客高兴地接受了彭奈的建议。

（摘编自《读者》2007年第3期，张盛，《怎样把"真实"传达给顾客》）

【思考题】

1. 为什么说彭奈先生是一个报价专家？
2. 为什么不同品牌的搅蛋器差价这么大？
3. 你认为，那位店员向顾客报价时错在哪儿？

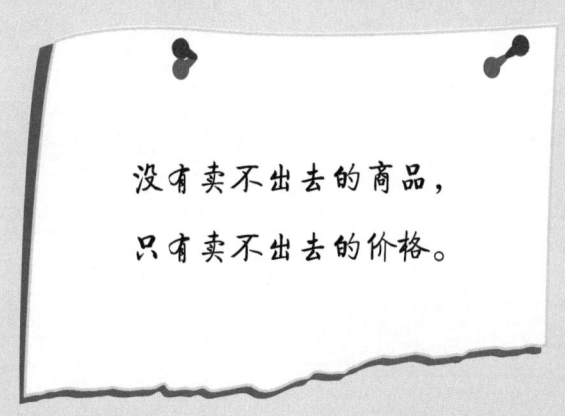

没有卖不出去的商品，
只有卖不出去的价格。

三思而后行（装运）

第1课　交货方式
第2课　交货时间
第3课　交货地点

交际任务：交货方式、时间及地点

一、就交货方式交换意见
二、就装运期限和装卸地点交换意见
三、以列举方式说明某类事物

话题背景

在国际货物贸易中，商谈装运条款时会涉及运输方式、装运期限、装卸地点、是否允许分批装运与转运、装运通知、运输单据、装卸率、滞期费等内容，这些都要在谈判中一一说明。以装运期限为例。对进口商来说，总是希望能够按时收到货物，但在贸易中有时会出现延期交货的事情。有些季节性很强的商品，像服装、水果、水产品什么的，进口商很注意它们的上市季节，都希望及时投放到市场上去。

In an international trade negotiation, it's essential to discuss in detail the following contents like modes of delivery, latest date for shipment, the location of loading and unloading, permission for partial shipment and transsshipment, shipment advice, rate of loading and unloading, shipping documents, and demurrage in negotiation of terms of shipment. Take the latest date for shipment for example. Importers always prefer to receive goods duly; however, late deliveries do happen. Some goods like clothing, fruits, and seafood are quite seasonal; so the very thing that importers wish to be guaranteed is how to let such goods enter the market in the right time.

关键词语

运输：

yùnshū fāngshì	jiāo huò qī	jiāo huò dìdiǎn	dānjù	tūntǔ liàng	xiè//huò gǎng	zhuāngyùn gǎng
运输方式	交货期	交货地点	单据	吞吐量	卸货港	装运港

zhuǎn//chuán	pái//míng	zhēngshōu	zhège……	dìng bu liǎo	jí	huà yòu shuō huílai	hǎoxiàng shì
转船	排名	征收	这个……	定不了	即	话又说回来	好像是

chāoguò	yuèjū	wěn jū	wèijū……míng
超过	跃居	稳居	位居……名

1 交货方式

词语准备

词语跟读

1	上浮	shàngfú	（动）	rise; go up
				与去年相比，外商的报价上浮了3%。
2	班轮	bānlún	（名）	liner
				你是说，这批货物采用班轮运输。
3	集装箱	jízhuāngxiāng	（名）	container
				这批货采用冷藏集装箱运输。
4	拼箱	pīn xiāng		LCL = less than container load
				如果货物不多，可以拼箱装运。
5	整箱	zhěng xiāng		FCL = full container load
				如果是整箱装运，运费低一些。
6	延期	yán//qī	（动）	postpone; delay
				由于货源紧张，可能会延期交货。
7	订立	dìnglì	（动）	conclude; make; draw up
				我方希望在合同中订立专门条款。
8	单据	dānjù	（名）	documents attesting to the giving or receiving of money, goods, etc., such as receipts, bills, vouchers and invoices
				请在合同中注明单据的名称。
9	吞吐	tūntǔ	（动）	throughput
				去年上海集装箱吞吐量居全国第几位？

专名

	荷兰	Hélán	［国名］	the Netherlands
				您是说目的港在荷兰的鹿特丹，对吧？

2 熟语学习

1. **素有……之称**　sù yǒu……zhī chēng　be known as

   固定搭配。意思是"向来有……说法",常用来比喻某些约定俗成的事物。例如:

   ① 哈尔滨素有"北国冰城"之称。
   ② 苏州素有"江南水乡"之称。
   ③ 美国的硅谷素有"科技摇篮"之称。
   ④ 法国巴黎的卢浮宫素有"艺术殿堂"之称。

2. **刮目相看**　guāmù xiāng kàn　look at sb. with new eyes

   成语。也说"刮目相待"或"士别三日,刮目相看",形容用新的眼光来看待(某人或某事物的变化)。例如:

   ① 改革开放前,深圳还是一个小渔村,如今当刮目相看。
   ② 听说李强已经是麦尔集团的总经理啦,真是令人刮目相看。

3. **来日方长**　láirì fāng cháng　There's a long future.

   成语。意思是未来的日子还长着呢,表示大有可为,或劝人不必急于做某事。本课是前一种意思。例如:

   ① A:希望贵方能来中国投资,这样我们合作的机会就多了。
   　　B:不错,我正有此意,可谓来日方长啊。
   ② 已经这样了,急也没用。你还年轻,来日方长。

情景会话

【人物】范德萨:荷兰进口商
　　　　汪东海:深圳龙华贸易公司经理
【场景】在谈判室,汪经理正与史蒂芬先生讨论货物的运输问题。

范德萨:汪经理,贵方的报价(CIF)上浮了3%,对吧?
汪东海:这个,主要是因为油价上涨。

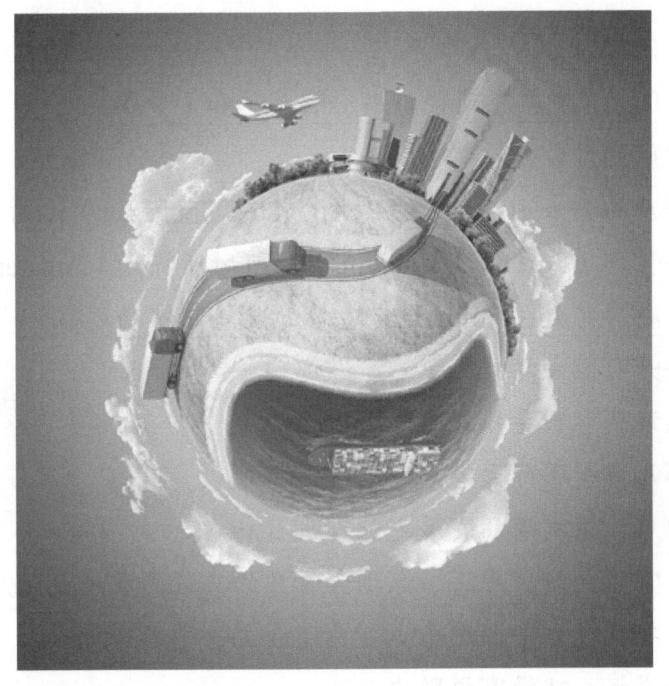

范德萨：尽管这样，我们还是觉得高了些。
汪东海：您看，现在班轮运费已经上升了五个百分点。
范德萨：这我了解，可我们明年的订货量也增加了10%。
汪东海：这个，我们会考虑的，但现在还定不了。　　　　以犹豫方式说明自己的看法
范德萨：您是说，运费还会上涨，是吗？
汪东海：现在确实说不好。
范德萨：这样行吗？改为海陆联运（CIP）。
汪东海：可以，但陆上运费要由贵方来承担。
范德萨：您是说报价不变？　　　　以犹豫方式提出建议
汪东海：这个……这样吧，关于价格我们最后再谈，好吗？
范德萨：也好。还有个问题。
汪东海：哦？说说看。
范德萨：您看，第一批货不够一个集装箱。　　　　以列举方式说明装运方式
汪东海：这个……这样好吗？这种情况采用"子母箱"，即大箱装小箱的方式。
范德萨：您是说，拼箱（LCL）装运，拆箱（LCL）接货。
汪东海：对对对，达不到整箱（FCL）的，都可以这样。
范德萨：怎么说呢？拼箱……不会延期吧？　　　　以犹豫方式说明自己的看法
汪东海：一般不会。
范德萨：汪经理，最好在合同中订立延期罚款条款（Penalty）。
汪东海：也好，就按您说的办。
范德萨：还有，装运后一周内向银行提交所有单据。

汪东海：这个，没问题。

范德萨：有提单（BL）、发票、商检证书、装箱单和重量单。 ——以列举方式说明单据种类

汪东海：可以，没问题。

范德萨：对了，海产品要采用冷藏箱（Refrigerated Container）运输。

汪东海：是的。卸货港（Port of Destination）在阿姆斯特丹（Amsterdam）？

范德萨：啊，不，在鹿特丹（Rotterdam），那儿离销售市场近。

汪东海：哦，鹿特丹可是大港口，素有"欧洲门户"之称。 ——提出改变卸货港并说明原因

范德萨：可不，集装箱吞吐量排在世界前十名。

汪东海：是啊，那儿可是国际大港。

范德萨：话又说回来，深圳港的发展也让人刮目相看。

汪东海：是啊。据官方介绍，上海、深圳和青岛的集装箱吞吐量位居全国头三名。

范德萨：按这个速度发展，中国进出口贸易还会上一个新台阶。

汪东海：您看这份资料，就很有说服力。

范德萨：（看后）是发展得很快，每年都上一个新台阶。

汪东海：没错，中国的进出口贸易发展确实很快。

范德萨：这么说，今后还有更多的合作机会。

汪东海：可不，应该说来日方长啊。

情景会话要点

运输方式		装箱方式	交货时间	交货地点	单据	表达方式
海运	海陆联运	整箱 拼箱	延期 订立 罚款条款	卸货港 销售市场	提单 发票 商检证书 装箱单 重量单	定不了 即 向……提交…… 离……近
班轮 运费 集装箱 冷藏箱		交接方式 拼箱装运 拆箱接货				

第四单元 三思而后行（装运）

课堂练习

一 问一问

◆ 以第三者的身份回答下列问题：
1. 中方的报价为什么上浮了 3%？
2. 汪经理认为对不够一个集装箱的货物可以采用什么方式运输？
3. 范德萨对装运时间提出了什么要求？
4. 范德萨对交货单据提出了什么要求？
5. 范德萨为什么把卸货港改在鹿特丹？

二 说一说

◆ 当你决定不了某事时，如何说明自己的看法或建议？例如：
1. 这个，我会考虑的，但现在还定不了。
2. 这个……这样吧，我们最后再谈，好吗？
3. 这个……这样好吗？这种情况采用"子母箱"，即大箱装小箱的方式。
4. 怎么说呢？拼箱……不会延期吧？

三 分组表演

◆ 出口商以犹豫方式开头，用列举方式说明原因或提出新的建议：

提示词语：这个 定不了 这样好吗

提示句子：1. 这个，主要是因为油价上涨。您看，现在班轮运费已经上升了五个百分点。这样吧，关于价格我们最后再谈，好吗？

2. 这个，我们会考虑的，但现在还定不了。这样好吗？这种情况采用"子母箱"，即大箱装小箱的方式。

◆ 进口商以犹豫方式开头，用列举方式向对方说明原因或提出要求：

提示词语：这样行吗 怎么说呢 还有 对了

提示句子：1. 这样行吗？改为海陆联运。

2. 怎么说呢？拼箱……不会延期吧？汪经理，最好在合同中订立延期罚款条款。还有，装运后一周内向银行提交所有单据，有提单、发票、商检证书、装箱单和重量单。

3. 对了，海产品要采用冷藏箱运输。还有，卸货港改在鹿特丹，那儿离销售市场近。

课后练习

◆ 练一练

▲ 用指定词语或结构说明你的看法或意见：

1. 进口商要求把海运改为海陆联运，出口商如何表明自己的看法？
   _____（定不了）

2. 由于石油价格上涨，出口商认为运费还会上升，如何说明自己的看法？
   _____（说不好）

3. 进口商希望采用海陆联运方式，如何以列举方式说明己方的要求？
   _____（即）

2 交货时间

词语准备

1 词语跟读

1	抓瞎	zhuā//xiā	（动）	find oneself at a loss; be in a rush and muddle
				这次谈判最好提前准备，免得临时抓瞎。
2	车皮	chēpí	（名）	railway carriage
				李经理，这批货预订五个车皮就够了。
3	舱位	cāngwèi	（名）	shipping space
				听说运费要涨价，应该提前预订舱位。
4	欠产	qiàn//chǎn	（动）	shortfall in production
				今年大豆欠产，进口数量肯定会增加。
5	变通	biàntōng	（动）	flexible
				这样不行，得想个变通的方法。
6	间隔	jiàngé	（动）	interval
				那单货分两批装运，间隔25天。
7	类推	lèituī	（动）	analogize
				没什么难的，照此类推，这笔运费很容易计算。

2 熟语学习

1. **老天不作美** lǎotiān bú zuò měi be spoilt or marred by the foul weather; even God is not helping

 习用语。有时也说"天公不作美"，意思是天气不好，常表示遗憾。例如：

A：张经理，听说你们几个昨天去爬山啦。

B：别提啦，老天不作美，刚到那儿，就下雨啦。

2. **不见兔子不撒鹰** bú jiàn tùzi bù sā yīng Don't loose the falcon until you see the hare.

俗语。比喻要抓住时机，认准目标。或者说做事稳当，有经验。例如：

① A：我不明白，对方已经说了要考虑考虑，还等什么？

B：你呀，太年轻。再等等看，不见兔子不撒鹰嘛。

② 放心吧，这人做事稳当，不见兔子不撒鹰。

3. **燃眉之急** rán méi zhī jí as pressing as a fire singeing one's eyebrows; an urgent situation; a pressing need

成语。也说"烧眉之急"。燃眉：火烧眉毛。形容事情非常紧急。例如：

① 由于这批贷款及时到位，才解了我们的燃眉之急。

② 多亏总经理的资助，才解了他的燃眉之急。

情景会话

【人物】金锡元：韩国K株式会社职员

宋大江：哈尔滨亚特利贸易公司经理

【场景】在哈尔滨亚特利贸易公司的谈判室，金先生与宋经理洽谈大豆进口一事。

金锡元：宋先生，给你添麻烦啦。

宋大江：说实话，临时增加订购数量，真有点儿抓瞎。

金锡元：你看，这是客户的要求，我们也没法子。

宋大江：（笑了）这我理解。

金锡元：怎么样？9月份，一次装运3万公吨。

宋大江：这个……有难度。 ——以犹豫方式说明难以一次交货

金锡元：这事难不住你，我知道。

宋大江：噢，快别这么说。

金锡元：（笑了）要是别人，我就把这笔买卖回啦。

宋大江：难哪。你看，还要重新预订车皮和舱位。
金锡元：不管怎样，宋先生，你得帮这个忙。
宋大江：说老实话，我心里也没底儿。
金锡元：那怎么办才好呢？
宋大江：不好办。你看啊，订货量大，交货期短，这是一。二呢，老天不作美，今年欠产，库存有限。再加上大豆涨价，供不应求。叫我左右为难哪。

> 以列举方式说明不能一次装运的原因

金锡元：照这么说，就没有变通的办法啦？
宋大江：你也了解，有些供应商持豆待销，可以说不见兔子不撒鹰。
金锡元：你是说，没现金，更没门儿了。
宋大江：那是，最好预付20%的货款。
金锡元：要是预付货款，能一次交货？
宋大江：这个，可能性几乎等于零。
金锡元：要是这样，恐怕客户不会答应。
宋大江：你也知道，要是预付货款，可解燃眉之急呀。
金锡元：这我知道，但我决定不了。
宋大江：你看，唯一的办法就是分期装运。
金锡元：分期装运？怎么个分法？

宋大江：9月到11月，分三批装运，每批间隔25天。
金锡元：第一批货要在下月5号前发出，第二批是发货后的25天，对吧？
宋大江：没错，就是这个意思，以此类推。
金锡元：这么说，是定期等量分期装运。
宋大江：对，最好早点儿下单。
金锡元：这个，我做不了主，得看客户的意见。
宋大江：不能晚于这两天，要不运输工具会有问题。
金锡元：这样吧，我先打个长途，然后再定。
宋大江：也好。还有一点，前面说的，增加的部分要以现价计算。
金锡元：没问题。对啦，要是分期装运，应该分期支付。
宋大江：按惯例，是这样。不过，这次能否特事特办？
金锡元：这样吧，刚才说的，下午再定。
宋大江：也好，下午接着谈。
金锡元：行，那就先到这儿。

情景会话要点

人物关系	基本情况	交货时间	付款时间 计价时间	表达方式
金锡元（进口商）	临时增加订购数量	一次装运	1. 做不了主 2. 分期装运，分期支付	说实话 抓瞎 没底儿 怎么办才好 左右为难 做不了主
宋大江（出口商）	1. 重新预订车皮和舱位 2. 订货量大，交货期短 3. 库存有限 4. 大豆涨价 5. 供应商持豆待销	分期装运 分三批发货 每批间隔 25 天 以此类推	1. 预付货款 2. 增加的部分，以现价计算	

课堂练习

一 问一问

◆ 以第三者的身份回答下列问题：

1. 宋先生为什么认为一次性交货有难度？
2. 对增加订购的部分，出口商提出了什么要求？
3. 要是采取分期等量装运，中方打算怎么安排装运时间？
4. 如果采取分期装运的方式，进口商提出什么要求？
5. 关于下单时间，进口商怎么说？

二 说一说

◆ 当你对某事拿不定主意时，如何表明这一想法？例如：

1. 说实话，临时增加订购数量，真有点儿抓瞎。
2. 说老实话，我心里也没底儿。
3. 要是这样，恐怕客户不会答应。

4. 这个，我做不了主，得看客户的意见。

5. 这样吧，刚才说的，下午再定。

三 分组表演

◆ 出口商以犹豫方式说明原因，或者以列举方式说明情况：

提示词语：说实话　抓瞎　没底儿　你看啊，……，这是一。二呢，……。再加上，……

提示句子：1. 说实话，临时增加订购数量，真有点儿抓瞎。到底怎么办才好，我心里也没底儿。

2. 你看啊，订货量大，交货期短，这是一。二呢，老天不作美，今年欠产，库存有限。再加上大豆涨价，供不应求。叫我左右为难。

3. 这个……有难度。你看，唯一的办法就是分期装运。即9月到11月，分三批装运，每批间隔25天。

◆ 进口商以犹豫方式说明原因，或者以列举方式具体说明意见：

提示词语：这个，我做不了主　这样吧

提示句子：1. 这个，我做不了主，得看客户的意见。这样吧，我先打个长途，然后再定。您看呢？

2. 要是这样，恐怕客户不会答应。这样吧，刚才说的，下午再定，行吗？

3. 第一批货要在下月5号前发出，第二批是发货后的25天，对吧？

练一练

▲ 用指定词语或结构说明你的看法或意见：

1. 出口商认为一次性交货有难度，如何说明这一想法？

　　　　　　　　　　　　　　　　　　　　　　　　（怎么+V+才好）

2. 出口商要求预付20%的货款，但你的客户不同意，如何说明自己的想法？

　　　　　　　　　　　　　　　　　　　　　　　　（左右为难）

3. 如果进口商无权决定装运时间，怎么向对方说明这一情况？

　　　　　　　　　　　　　　　　　　　　　　　　（做不了主）

3 交货地点

词语准备

词语跟读

1	报关	bào//guān	（动）	customs declaration
				装运前出口货物需要报关检验。
2	征收	zhēngshōu	（动）	levy; collect; impose
				进口这类产品，海关要征收关税。
3	滞纳金	zhìnàjīn	（名）	overdue fine; fine for late or delaying payment
				如果延期装运，海关要征收滞纳金。
4	财务	cáiwù	（名）	finance
				公司的财务管理很严，这种事办不了。
5	收据	shōujù	（名）	receipt
				张经理，这是快递邮件的收据。
6	确凿	quèzáo	（形）	conclusive; solid; authentic; irrefutable
				证据确凿，谁也没办法改变。
7	拖延	tuōyán	（动）	delay; put off
				这事很急，不能再拖延啦。
8	字样	zìyàng	（名）	printed or written words or expressions
				我建议，在 CIF 后注明净价字样。

专名

1	呼和浩特	Hūhéhàotè	[地名]	Hohhot
				呼和浩特是内蒙古自治区的首府。
2	塘沽	Tánggū	[地名]	a district in the city of Tianjin
				你是说，装运港是天津的塘沽港？

| 3 | 维多利亚州 | Wéiduōlìyà Zhōu | [地名] | Victoria, a state of Australia |

维多利亚州是澳大利亚的一个州。

| 4 | 墨尔本 | Mò'ěrběn | [地名] | Melbourne |

墨尔本是澳大利亚的一个城市。

熟语学习

1. **怎么搞的** zěnme gǎo de What's wrong with you?

   固定搭配，怎么+V+的。用于反问句，表示非常生气，常用于指责或抱怨他人。例如：

   ① 怎么搞的？还没通知对方？
   ② 怎么说的？他发那么大脾气。
   ③ 怎么干的？这么多天还没做完。
   ④ 怎么谈的？到现在还没结果。

2. **伤脑筋** shāng nǎojīn cause one enough headache; troublesome

   习用语。形容事情难办，费心思，常表示不满或心烦。例如：

   ① 你这人真让我伤脑筋，怎么什么都问。
   ② 这事真让我伤脑筋，不知该怎么办才好。

3. **轻重缓急** qīng zhòng huǎn jí order of importance and urgency

   成语。意思是做事要分主要的和次要的或者急着要办的和可延迟办的。例如：

   ① 这人太年轻，做事从来不分轻重缓急。
   ② 急有什么用？听我的，什么事都要分个轻重缓急。

情景会话

【人物】肖　红：内蒙古呼和浩特大华羊绒衫厂采购部职员
　　　　张剑峰：天津塘沽港货运代理人
　　　　黄　刚：内蒙古呼和浩特大华羊绒衫厂采购部经理

【场景】内蒙古呼和浩特大华羊绒衫厂与澳大利亚T公司签订了一份购货合同。按合同规定,已超过装运期限,进口商还没有收到货。肖红正给张剑峰打电话。

肖　红:喂,对,到了吧,货物?啊?不对,在香港转船(Cargo Agent)。
张剑峰:我是说,船期和船名都不对。
肖　红:什么?怎么会呢?
张剑峰:不清楚,船上没有提单上的货物。
肖　红:装船通知(Advice of Shipment)上说,就是那条船。你再查查。
张剑峰:查过了,那批货半个月前就到港了。
肖　红:什么?早到了!
张剑峰:可不。由于延迟报关和提货,海关要征收滞纳金。
肖　红:怎么搞的?真让人伤脑筋。
张剑峰:那怎么办,你说?
肖　红:这样吧,一小时后给你回话。
张剑峰:行,越早越好。
肖　红:好,等我的电话。

(肖红放下电话,转身对黄刚说)
肖　红:经理,这事怎么办才好呢?
黄　刚:你的意思呢?
肖　红:您看,要么先书面通知T公司,要么直接向对方提出索赔要求。 —— 犹豫的表达方式
黄　刚:还有呢?
肖　红:该怎么办呢,我一时也想不好。
黄　刚:你看,做事啊得讲个轻重缓急,对吧?
肖　红:您是说……
黄　刚:先通知塘沽港的货运代理人,缴纳滞纳金,办理转运手续。
肖　红:叫他们先把钱垫上,行吗?
黄　刚:可以,通知财务部门马上把钱电汇(T/T = telegraphic transfer)过去。
肖　红:好的。还有,应该叫货运代理人出具一份证明材料,附上滞纳金的收据。
黄　刚:对,要证据确凿,再书面通知T公司。 —— 以列举方式说明处理意见
肖　红:您看我,刚才都急昏啦。
黄　刚:遇事不能着急。想想,还有什么?
肖　红:为避免拖延时间,最好要求对方三天内答复。
黄　刚:可以。另外,要求T公司派人来处理,以便商讨下半年的订货。
肖　红:下批货,最好在信用证上注明不允许转运(Trans-shipment)的字样。

黄　刚：对，采用水陆联运方式。

肖　红：还有，多数客户的生产基地在维多利亚州。

黄　刚：这样，下批货，把装运港（Shipment Port）改在墨尔本（Melbourne）。

肖　红：由悉尼（Sydney）改在墨尔本港，对吧？

黄　刚：对，这样可以减少内陆运费。

> 改变装运港并说明原因

肖　红：卸货港（Port of Discharge）还是定在天津塘沽，那儿有直达的航线。

黄　刚：这样吧，你先给天津那边回个话，其他的回头再说。

肖　红：也好，我马上打。

情景会话要点

人物关系	问题	解决的办法	下半年货物	
			运输方式	交货地点
张剑峰（货运代理人）	1. 提单与船期、船号不符 2. 延迟报关和提货，海关征收滞纳金	等待客户的决定		
肖红（采购部新职员）	1. 在香港转船 2. 装船通知	1. 书面通知T公司 2. 提出索赔要求 3. 出具证明材料，附上滞纳金收据 4. 要求三天内答复	不允许转运	卸货港定在天津塘沽，那儿有直达的航线
黄刚（采购部经理）		1. 缴纳滞纳金 2. 办理转运手续 3. 书面通知T公司 4. 要求派人处理	水陆联运	装运港由悉尼改在墨尔本，减少内陆运费

课堂练习

一 问一问

◆ 以第三者的身份回答下列问题：
1. 货运代理人发现了什么问题？
2. 为什么海关要征收滞纳金？
3. 一开始肖红打算如何处理这件事？
4. 下批货为什么把装运港改在墨尔本港？

二 说一说

◆ 在决定某事之前你有些犹豫不决，如何说明这一想法？例如：
1. 怎么搞的？真让人伤脑筋。
2. 那怎么办，你说？
3. 经理，这事怎么办才好呢？
4. 您看，要么先书面通知T公司，要么直接向对方提出索赔要求。
5. 该怎么办呢，我一时也想不好。

三 分组表演

◆ 如果你是新职员，以犹豫方式开始，用列举方式说明你的想法：
  提示词语：怎么+V+才好 要么……，要么…… 想不好
  提示句子：经理，这事怎么办才好呢？您看，要么先书面通知T公司，要么直接向对方提出索赔要求。该怎么办呢，我一时也想不好。

◆ 如果你是部门经理，以列举方式说明如何处理此事：
  提示词语：轻重缓急 缴纳 出具 书面通知
  提示句子：你看，做事啊得讲个轻重缓急，对吧？先通知塘沽港的货运代理人，缴纳滞纳金，办理转运手续。还有，应该叫货运代理人出具一份证明材料，附上滞纳金的收据。要证据确凿，再书面通知T公司。

第四单元 三思而后行（装运）

课后练习

练一练

▲ 用指定词语或结构说明你的看法或意见：

1. 如果对方把交货时间搞错了，你怎么以犹豫方式征求他人的意见？
   _____（怎么＋V＋才好）

2. 如果某件事你不知道怎么解决，如何以犹豫方式表示这一想法？
   _____（想不好）

3. 当你对两种方案犹豫不决时，如何征求对方的意见？
   _____（要么……，要么……）

背景广角

1. 采用"分批装运"，主要有哪些方面的原因？
What are the main reasons for "partial shipment"?

答：在一笔交易中，货物需要分两批或两批以上交货的称为分批装运（Partial Shipment）。其原因有很多，例如：买方根据销量决定分批装运；买方因资金周转有困难需要分批装运；卖主一次备齐货物有困难需要分批装运；因车、船等运输工具紧张，港口装卸条件差等原因需要分批装运。

Partial shipment means that in case of a business covering a large amount of goods, it is necessary to make shipment in two or more lots. There are many reasons for doing it. For example, buyers may choose it based on sales or because of difficulties in their cash flow, or when sellers have difficulties in getting all goods ready at once, or when they lack the right vehicles or ships, or when loading and unloading facilities don't work well as expected.

2. 你认为"发运地不同,使用同一运输工具,经由同一航线运输,目的地不同"描述的是"分批装运",还是"一次性装运"?

Do you think whether "a consignment commencing from different shipping ports, with the same means of conveyance, for the same journey and to the same destination" is "a partial shipment" or "in one consignment"?

答:这是"一次性装运",因为根据UCP500第四十条b款规定,使用同一运输工具,并经同一路线运输的,即使每套运输单据上的日期不同,装运港不同,只要目的地相同,也不能视为"分批装运",而是"一次性装运"。

It is "in one consignment" because according to UCP 500 Article 40 Clause B, using the same means of conveyance for the same journey to the same destination is regarded as "in one consignment", not "a partial shipment", even each set of transport documents indicates different dates of shipment or different ports of loading.

3. 在国际贸易中,货运单据主要有哪几种?

What are the major shipping documents in international trade?

答:由于运输方式不同,所签发的货运单据也不一样,如海运提单(Bill of Loading,简称"BL")、铁路运单、包裹收据、承运货物收据、多式联运单据等。海运提单和多式联运单据属物权凭证,经过背书可以转让;而铁路运单、航空运单、邮包收据则为非物权凭证,不能背书转让。卖方提供何种货运单据,通常应在合同或信用证中作出明确规定。

Shipping documents vary according to various modes of transportation, such as bill of loading (BL), railway bill, parcel receipt, cargo receipt, and B/L of combined transport, etc. While BL and B/L combined transport, which are documents of title, can be transferred by endorsement; railway bill, airline bill, parcel and post receipt are not title documents and can not be freely transferred. So it is what kind of shipping documents should be provided by sellers that ought to be clearly defined in a contract or a credit.

4. 何谓"罚金条款"?

What is a "penalty clause"?

答:罚金条款,也称"违约金条款",是向有关责任方提出索赔的方法之一。其适用于卖方延期交货或买方延迟开立信用证或延期接货的情况,以补偿对方的损失。同时还规定了计算罚金的具体办法。一般来说,罚金数额的大小取决于违约时间的长短。但罚金条款中要规定罚金的最高限额。另外，还要规定罚金的起算日期，有两种不同的做法：一种是合同规定交货期或开证期终止之后立即起算；另一种是规定优惠期，即在合同中规定的有关期限终止后再宽限一段时间。在优惠期内免予罚款，待优惠期届满后起算罚金。

A penalty clause, also known as a "default fine clause", is one of the methods to claim to the parties concerned. It is applicable to compensate the other party for the damages if the seller fails to make timely delivery or the buyer fails to open the relevant L/C or fails to take delivery on time. Plus, it stipulates the specific measures to calculate penalty fines. Generally, it's decided by the time length (of the breach of the contract). But penalty ceiling is also included in such a clause. Furthermore, a detailed stipulation in respect of the starting date for charging a penalty should also be included. There are two types. One is that a penalty should be paid right after the agreed delivery time or when the issuing time of the credit ends. The other one is the stipulated grace period. It means an extra period can be tolerated when the agreed period terminates. The penalty will be exempted within the grace period, and be counted after that.

5. 什么是"装运通知"？
What does "advice of shipment" mean?

答：装运通知是装运条款中不可缺少的一项重要内容。不论按哪种贸易术语成交，交易双方都要承担相互通知的义务。规定装运通知的目的在于明确买卖双方的责任，促使买卖双方互相配合，共同做好船货衔接工作，并便于办理货运保险。

"Advice of Shipment" is an indispensable part in a shipping clause. No matter what trade terms the deal is made in, both parties have the obligation to inform each other about the "advice of shipment". It's used to clarify the responsibilities of both parties, to promote mutual coordination, secure the joint link-up of vessels and goods and make the handling of cargo insurance more efficient.

6. 什么是"TEU"？
What does TEU stand for?

答："TEU"的全称是"Twenty-Foot Equivalent Unit"，即"20英尺（集装箱）等量单位"的意思。它是计算集装箱容积的一项标准，是集装箱的标准箱位。

TEU, abbreviated from "Twenty-Foot Equivalent Unit", is a measure that marks cargo capacity of standard container transportation.

7. 在以集装箱交接货物时，如下英文缩写代表什么含义？
What do the following abbreviations represent when cargo are delivered and received in containers?

答：FCL/FCL　整箱交、整箱接　　　　FCL/LCL　整箱交、拆箱接
　　LCL/LCL　拼箱交、拆箱接　　　　LCL/FCL　拼箱交、整箱接

FCL/FCL: delivered in a full container load, received in a full container load
FCL/LCL: delivered in a full container load, received in less than a consolidation load
LCL/LCL: delivered in less than a consolidation load, received in less than a consolidation load
LCL/FCL: delivered in less than a consolidation load, received in a full container load

8. FOB、CFR、CIF 与 FCA、CPT、CIP 有什么相同和不同之处？
What are the similarities and differences between FOB, CFR, CIF and FCA, CPT, CIP?

答：六种贸易术语的相同之处是"凭单交货"，也就是，卖方取得货运单据后交给买方，就履行了交货责任，并可收取货款。二者的不同之处有四点：一是风险界限不同。前者以货物越过船舷为界限，后者以货交承运人为界限。二是交货时间不同。前者交货时间就是装船完毕日，也就是说，交货时间（time of delivery）与装运时间（time of shipment = 提单日期）是一样的，而后者的交货时间和装运时间不同。三是运输方式不同。前者适用于海洋运输和内河运输，后者适用于任何运输方式。四是投保险别不同。前者一般都投保海洋运输险，后者投保何种险别，买卖双方需要根据实际情况事先进行协商。

The similarity of the six trade terms lies in "delivery based on documents," i.e., once sellers transfer shipping documents to buyers, they have fulfilled their obligations of taking care of goods delivery and have right to move on to get payments. As for differences, they lie in four aspects:

First, different risk lines. For the former, the risk can not transfer until the goods pass over ship rails; yet for the latter, the risk transfers once the goods are delivered to the carrier. Second, different delivery time. For the former, the delivery time is the date of the completion of shipment, which means its time of delivery is the same as that of shipment; while for the latter, the two are different dates. Third, different delivery ways. The former can only use ocean and inland waterway deliveries. The latter, on the other hand, is applicable for any choice of transportation services. Fourth, different insurance. The former is generally covered by the Marine Insurance; while for the latter, the two parties involved in the business would negotiate in advance on the grounds of actual conditions to decide the right insurance.

9. "联运"与"多式联运"有何区别？

What is the difference between "through transport" and "multimodal transport"?

答：二者在多数情况下是通用的，但有两点不同：一是所包括的运输方式不同。"联运"现在多指单一运输方式的联运，或者须包括海运方式。好比说，铁路联运、航空联运、陆海联运或海陆联运等。而"多式联运"可以是任何两种以上运输方式的组合。二是承运人的责任不同。采用"联运"时，每段运输分别由不同的承运人负责。即每一段运输都由各段的承运人来负责。而在"多式联运"中，是由一个承运人来负责全程的运输。

In most cases, "through transport" and "multimodal transport" refer to the same thing, but there are two differences. First, they cover different modes of transport. Through transport mostly refers to the joint transport of the same mode or the transport that includes ocean delivery. For example, railway through transport, airline through transport, and land-ocean or ocean-land transport, etc. Multimodal transport, also known as combined transport, is the conveyance of cargo that includes at least two modes of transport. Second, responsibilities taken by carriers involved are different. While in a through transport, each carrier is responsible for the corresponding part of transportation; in a multimodal one, it is the only one carrier that takes the responsibility for the whole cargo through the entire journey.

单元综合练习四

（一）为加点的字选择正确的读音

1. 拼箱（pīn / pīng）
2. 拆箱（chāi / cāi）
3. 行情（xíng / háng）
4. 吞吐（tǔ / tù）
5. 间隔（jiān / jiàn）
6. 回话（huà / huàr）
7. 供不应求（gōng / gòng）
8. 坦率地说（dì / de）
9. 刮目相看（guā / guǎ）

（二）根据句子内容，选择正确答案（在合适的选项前画√，可选多项）

1. FOB、CFR、CIF 与 FCA、CPT、CIP 的不同之处是_____不同等。
   □凭单交货　　□风险界限　　□交货时间　　□运输方式　　□投保险别

2. 如果以 FOB 或 FCA 成交，备货通知和装运通知的作用是为了买方_____等手续。
   □办理投保　　□办理派船接货　　□办理租船订舱　　□办理出关　　□办理入关

3. 按集装箱货物的交接方式，FCL/LCL 英文缩写的含义不是指_____。
   □整箱交、拆箱接　　　　□整箱交、整箱接
   □拆箱交、拆箱接　　　　□拆箱交、整箱接

4. 在国际货物贸易中，主要有_____等运输方式。
   □海运　　□空运　　□公路　　□铁路　　□邮政
   □整箱　　□管道　　□多式联运

5. 在国际货物贸易中，运输单据主要有_____等。
   □海运提单　　□航空运单　　□铁路运单　　□邮包收据　　□多式联运单据
   □商业发票

（三）为下列词语选择合适的解释

1. 供不应求（　　）　　　A. 需求大于供给。
2. 供大于求（　　）　　　B. 供给大于需求。
3. 供过于求（　　）　　　C. 买方市场。
4. 供求平衡（　　）　　　D. 供给和需求相等。
5. 产销平衡（　　）　　　E. 生产和销售的数量相等。

（四）用指定词语改述下列句子

1. 还是早点儿准备吧，免得到时出问题。（抓瞎）

   _____

2. 您也知道，这是特殊情况，想想办法嘛。（变通）

   _____

3. 这怎么可能？让他帮忙，那是不可能的。（没门儿）

   _____

4. 通过调查，我发现他说的和实际情况有些不符。（出入）

_____

5. 唉，这事真让人费心，不知什么时候才能解决？（伤脑筋）

_____

案例分析

【案情】

2009年5月，中国甲公司与英国乙公司签订了设备进口合同。合同规定："2009年6月30日前，甲方开立以乙方为受益人的不可撤销的即期信用证。"甲方在信用证中要求乙方，在交单时提供全套"已装船提单"（On Board or Shipped B/L）。2009年8月3日，甲方收到开证银行进口信用证付款通知书。甲方业务员在审核单据时发现乙方提交的单据有以下疑点：第一，提单签署日期早于装船日期；第二，提单中没有"已装船"字样。因此，甲方认为该提单为"备运提单"，并采取了如下措施：一是向开证行提出单据不符点，并拒付货款。二是向有关司法机关提出诈骗立案请求。三是查询有关船运信息，确定货物是否已装船发运。四是向乙方发出书面通知，要求对方作出书面解释。乙方收到甲方的书面通知及开证行的拒付函后，马上向甲方作出书面解释，声称这是船务局的责任。

【要求】 你认为，甲方收到对方的书面解释后可能会采取哪些措施？选用下列词语来说明：
说老实话　怎么＋V＋才好　想不好　要么……，要么……　拿不定主意

【问题】 1. 甲方认为该提单（Bill of Lading）有什么问题？采取了哪些措施？
2. 为什么进口商不愿意接受"备运提单"（Received for Shipment B/L）？

课上讨论

题目：简要介绍近五年来世界港口集装箱吞吐量排名前十位的情况。

补充阅读

一、中国对外贸易运输的发展

中国水陆交通发展比较早。据史书记载，在西汉时期，张骞（Zhāng Qiān）通西域，开辟了陆上的"丝绸之路"。明朝时，郑和七次下西洋，发展了中国同许多亚、非国家的文化和贸易往来，并丰富了世界航海的历史。新中国建立初期，中国与前苏联及东欧等国的贸易占主要的地位，因此，中国当时的进出口货物主要是采用铁路运输方式。那时，中国没有远洋货轮，进出口商品主要委托外轮公司运输货物。为了发展与波兰的航运合作，中国与波兰共同组建了中波海运公司。从1956年开始，中国以租用的期租船开辟了班轮航线。1973年，中国对外贸易总公司首次开辟中日小型集装箱试运。同年11月，在天津至美国、加拿大航线上第一次进行了国际标准箱的试运。1976年，开始在长江、珠江和东南沿海进行集装箱内河运输与河海联运。1978年，中国开辟了上海至澳大利亚的第一条国际集装箱海运班轮航线。1979年，广东至香港的第一条公路集装箱运输线通车，开展了陆海联运。1981年初，中国开始兴办经西伯利亚大陆桥的国际铁路集装箱运输。同年，中国自己设计的第一条集装箱专用码头，即天津新港集装箱码头建成并投入使用。1990年以后，中国进入航运大国之列。经过多年的努力，中国目前已拥有数十条集装箱班轮运输航线，改建、扩建、新建的万吨级深水泊位码头拥有现代化装备，已陆续完工并投入使用。

二、经营之道

在商务谈判中,先要了解谈判双方各自的需求,从而创造价值,使双方达到双赢的目的。然而,有些商务人员往往还不能真正理解其中的含义。下面是一个流传很广的经典故事:

记得有一天,妈妈给邻居的两个孩子一个橙子(orange),让他们自己去分。两个孩子吵来吵去,最终达成了一致意见,由一个孩子负责切橙子,而另一个孩子选橙子。结果,这两个孩子按照商定的办法各自取得了一半橙子,高高兴兴地回家了。第一个孩子把半个橙子拿到家,把皮剥掉,扔进垃圾桶里,用果肉打了一杯橙汁喝。而另一个孩子回家后把果肉挖掉,扔进垃圾桶里,把橙子皮晒干,磨碎了,混在面粉里烤蛋糕吃。

【思考题】
1. 以犹豫的方式说明怎么分那个橙子才好。
2. 说说看,这样的"谈判"达到双赢的目的了吗?

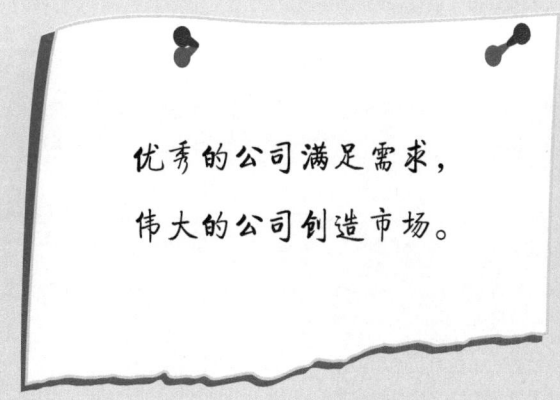

优秀的公司满足需求,
伟大的公司创造市场。

无声的推销员（包装）

第1课　销售包装
第2课　运输包装
第3课　包装设计

交际任务：包装方式、材料及标志

一、说明包装方式、材料及标志
二、说明选择某种包装的理由
三、以推托方式委婉拒绝对方的要求

话题背景

在国际贸易中，除少数可裸装（nude pack）或散装（in bulk）的商品外，其他的都需要有一定的包装。商品只有经过包装，才能进行分类或计数，在运输或仓储过程中得到保护。目前，在国际市场上商品的质量、价格、包装设计是三个主要的竞争因素。许多国家要求进口包装的设计必须符合"4R1D"[①]原则，即低消耗、再利用、可回收、可循环和能降解的绿色包装。据有关资料表明，绿色包装产品将成为世界包装的主流。

In international trade, except for a few commodities that can be transported in nude pack or in bulk, all other commodities are required to be packed. Only after packing, can commodities be categorized and counted, or be protected in transit or in storage. Currently, the three dominant factors in commodities' competitions on the international market are quality, price and package design. The "4R1D"[①] standard for the packing of imported commodities is compulsory in many countries. It's a green or environment-friendly packing technology, which means those packing material should be Reduced, Reused, Recycled, Recovered and Degradable. Data shows that green packing will become the mainstream in global packing industry.

关键词语

包装： 销售包装 xiāoshòu bāozhuāng　运输包装 yùnshū bāozhuāng　单件包装 dānjiàn bāozhuāng　集合包装 jíhé bāozhuāng　包装材料 bāozhuāng cáiliào

包装设计 bāozhuāng shèjì　包装标志 bāozhuāng biāozhì　替代 tìdài　改为 gǎiwéi　宁肯 nìngkěn　要么 yàome　与其 yǔqí　出面 chū//miàn　固定 gùdìng

封口 fēngkǒu　冒犯 màofàn　你看吧 nǐ kàn ba　不谋其政 bù móu qí zhèng

---

① 许多发达国家把绿色包装概括为按"4R1D"原则设计的包装，即 Reduce（减量化）、Reuse（能重复使用）、Recycle（能回收再用）、Refill（能再填充使用）、Degradable（能降解腐化）的包装。

1 销售包装

词语准备

词语跟读

1	喜鹊	xǐquè	（名）	magpie
				出门看见喜鹊，可能会有好事。
2	风趣	fēngqù	（形）	humourous
				他讲话一向很风趣。
3	经手	jīng//shǒu	（动）	handle; deal with
				这事是他经手的，我不清楚。
4	折叠	zhédié	（动）	fold
				衬衫的销售包装采用折叠式。
5	胶带	jiāodài	（名）	adhesive tape
				打内包装需要哪种胶带？
6	封口	fēng//kǒu	（动）	seal
				打销售包装要用透明胶带封口。
7	瓦楞	wǎléng	（名）	corrugation
				单件包装采用瓦楞纸板箱包装。
8	宁肯	nìngkěn	（连）	would rather
				与其这样，我宁肯放弃。
9	拆台	chāi//tái	（动）	cut the ground from under sb's feet
				你看，这不是拆我的台吗？
10	毁约	huǐ//yuē	（动）	break one's promise; annul a contract
				这个，请放心，毁不了约。
11	出面	chū//miàn	（动）	act in one's own capacity or on behalf of an organization
				要是这样，这事由你出面交涉。

专名

| 爱特·威廉 | Àitè·Wēilián | [人名] | William Albright |

爱特·威廉？这人我不认识。

 熟语学习

1. **出门看见喜鹊** chū mén kànjiàn xǐquè the sight of a magpie singing in the tree when going out, which is a good omen in Chinese culture

   比喻方式。在汉语中，"喜鹊"是一种吉祥鸟。民间传说，听见喜鹊叫将有喜事来临。在生活中，常用来表示遇到了好事，或不速之客登门时主人表示欢迎。例如：

   ① 我说嘛，怎么出门看见喜鹊，原来有好事等着我呢。
   ② 原来有贵客登门，我说早上怎么看见喜鹊了呢。

2. **车到山前必有路** chē dào shānqián bì yǒu lù In the end, things will mend.

   俗语。比喻事到临头，总会有解决的办法。常用于劝说他人或宽慰自己。例如：

   A：这事怎么办，王总？
   B：别急，车到山前必有路，再想想办法。

3. **不在其位，不谋其政** bú zài qí wèi, bù móu qí zhèng Out of position, out of administration

   成语。意思是"不担任这个职位，就不要过问这个职务范围内的事情"。在交际中，常用于推托之词，委婉地拒绝他人的请求。例如：

   A：张总，这方面的工作原来是您主抓，最好还是过问一下。
   B：恐怕不好。你也知道，不在其位，不谋其政，对吧？

情景会话

【人物】田　华：天津兴达服装有限公司驻京办事处主任助理
　　　　钱　成：天津兴达服装有限公司驻京办事处主任
　　　　威　廉：德国进口商

周经理：中方出口商

【场景】天津兴达服装有限公司驻京办事处，田华推开钱主任办公室的门。

田华：钱主任，有位德国客人非要见您。这是他的名片。
钱成：（边看边说）爱特·威廉……哦，以前的客户，说我马上过去。
田华：那好，我跟他说一下。
钱成：（推开会客室的门）欢迎，欢迎，欢迎大驾光临。
威廉：（握手）您好，钱经理。哦，不，钱主任。
钱成：一样一样。我说的嘛，怎么出门看见喜鹊呢，原来有贵客登门。
威廉：（笑着说）有意思，还是那么风趣。
钱成：哪里，哪里。

威廉：钱主任，有点儿急事，才来打扰您。
钱成：老朋友，别客气。你这是——
威廉：哦，去天津，谈睡衣的内包装。
钱成：睡衣？那单货是我经手的吧？
威廉：可不。您也知道，我们是采购商。
钱成：没错。那单货的小包装好像是折叠式的。
威廉：对，就是。每件装一个塑料袋儿，然后放在纸盒内。 —— 简要介绍内包装方式
钱成：我记得，是用透明胶带封口。
威廉：对，客户希望用玻璃纸袋儿替代塑料袋儿。 —— 选择新的包装材料并说明原因
钱成：这是环保材料。
威廉：您看，要是把纸盒改为开窗式的，外加一个手提袋儿，怎么样？
钱成：这样好，便于陈列和销售。单件包装呢？ —— 对包装设计委婉地提出不同要求
威廉：不变，还是用瓦楞纸箱包装。
钱成：哦，是这样。那……周经理怎么说？
威廉：这事啊，让我左右为难。
钱成：为什么？
威廉：您看，他宁肯降价，也不想改换内包装。
钱成：这个，恐怕时间来不及。
威廉：他也这么说。
钱成：跟客户说说，下单货再改。
威廉：让人头疼的是，客户那儿就是不松口。
钱成：不好办，让人进退两难。
威廉：要是不改，不是退货，就是减少订货量。

钱成：这不是拆你的台吗？

威廉：您说怎么办？要么毁约退货，要么拒绝客户的要求。

钱成：别急，车到山前必有路，再想想办法。

威廉：说实话，我想请您出面，帮我说说。 ── 礼貌地回绝对方要求，并说明原因

钱成：这个，您也知道，不在其位，不谋其政嘛。

威廉：钱主任，我宁愿承担内包装的费用。

钱成：这个……威廉先生，今晚有空儿吗？去看京剧。 ── 礼貌地谢绝对方邀请，并说明原因

威廉：真不巧，有安排，实在对不起。

钱成：没关系。这样吧，这件事您别急，我先问问再说。

威廉：那好，拜托啦。 ── 以推托方式委婉地回绝对方要求

情景会话要点

人物关系	销售包装 （内/小包装）	运输包装 （外/大包装）	表达方式
周经理 （出口商）	采用折叠式 塑料袋儿 纸盒 用透明胶带封口		用……替代 把……改为…… 用……包装 宁肯……也…… 要是……，不是……，就是…… 要么……要么……
钱成 （中方驻京办主任）	不在其位，不谋其政 进退两难；问问再说		
威廉 （进口商）	开窗式 玻璃纸袋儿 手提袋儿	单件包装 瓦楞纸箱	

课堂练习

一 问一问

◆ 以第三者的身份回答下列问题:
1. 钱主任是怎么向威廉先生表示欢迎的?
2. 客户为什么对内包装有了新的选择?
3. 对威廉先生的要求,周经理是什么态度?
4. 威廉先生为什么去拜访钱主任?
5. 钱主任觉得左右为难,是怎么推托的?

二 说一说

◆ 如果想改变销售包装,怎么用选择方式说明你的意见?例如:
1. 客户希望用玻璃纸袋儿替代塑料袋儿。
2. 您看,要是把纸盒改为开窗式的,外加一个手提袋儿,怎么样?
3. 您看,他宁肯降价,也不想改换内包装。
4. 要是不改,不是退货,就是减少订货量。
5. 您说怎么办?要么毁约退货,要么拒绝客户的要求。

三 分组表演

◆ 进口商用选择方式说明自己的要求:

提示词语:用……替代…… 把……改为…… 要是……,不是……,就是……
要么……要么……

提示句子:1. 弓经理,这单货的小包装是折叠式的,每件装一个塑料袋儿,然后放在纸盒内,用透明胶带封口。你看行吗?
2. 黄经理,这单货的小包装,希望用玻璃纸袋儿替代塑料袋儿,因为是环保材料。还有,要是把纸盒改为开窗式的,外加一个手提袋儿,怎么样?这样便于陈列和销售。
3. 你看,要是不改,不是退货,就是减少订货量。你说怎么办?让人进退两难。
4. 这不是拆我的台吗?要么毁约退货,要么拒绝客户的要求,让我进退两难哪。说实话,我想请您出面,帮我说说。钱主任,我宁愿承担内包装的费用。

◆ 出口商以选择方式说明自己的意见：

提示词语：恐怕　宁肯……也不……

提示句子：这个，恐怕时间来不及。我宁肯降价，也不想改换内包装。再有，外包装不变，还是用瓦楞纸箱包装。

课后练习

一 练一练

▲ 用指定词语或结构说明你的看法或意见：

1. 当你面对两种选择时，如何向对方说明这一情况？
   _____（要么……要么……）
2. 当你面对两种选择时，如何向对方表明自己的态度？
   _____（宁肯……也不……）
3. 当你面对某种选择时，如何向对方说明自己的决定？
   _____（宁愿……也不……）

二 语段表达

▲ 以推托方式向对方说明你的看法：

参考表达：

1. 你看，真不巧，有安排，实在对不起。
2. 不好办，让人进退两难哪。这个，你也知道，不在其位，不谋其政嘛。
3. 别急，车到山前必有路嘛，再想想办法。这样吧，我先问问再说。

2 运输包装

词语准备

词语跟读

1	发泡	fāpào	（动）	foam
				单件包装采用发泡衬垫儿固定。
2	衬垫（儿）	chèndiàn(r)	（名/动）	liner; padding
				集装箱用哪种衬垫儿固定？
				产品外包装用纸板来衬垫。
3	条带	tiáodài	（名）	strip
				单件包装的外边用条带加固。
4	蜂窝	fēngwō	（名）	honeycomb
				用蜂窝纸箱打单件包装。
5	缓冲	huǎnchōng	（动）	buffer; cushion
				集装箱里要有缓冲的空间。
6	回收	huíshōu	（动）	recycle
				采取分类方法回收居民生活垃圾。
7	唛头	màitóu	（名）	shipping mark
				这样吧，唛头由贵方来决定。
8	空隙	kòngxì	（名）	interspace; gap
				集装箱的空隙如何处理？
9	届时	jièshí	（副）	at the appointed time
				周经理，欢迎届时光临。

熟语学习

1. **你看** nǐ kàn Look!

   习用语。一般在句首，表示"提示、商量、责备"等意思。例如：

   ① 你看，这种材料也能起到固定作用。
   ② 你看，能不能再等几天。
   ③ 你看，怎么又错啦？

2. **你看吧** nǐ kàn ba It's up to you.

   习用语。意思是"由你来选择或决定"，表示听从某人的建议、看法或决定等。例如：

   A：关于小包装的图案，最好具体说明。
   B：你看吧，只要符合消费习惯，怎么都行。

3. **依我看** yī wǒ kàn in my opinion

   固定结构。也说"让我看、叫我看"，表示自己的看法或想法。例如：

   ① 依我看，这事还得再研究研究。
   ② 依我看，还是下批货再改比较好。

情景会话

【人物】郑强：青岛海德有限公司总经理
　　　　范尼：英国进口商
【场景】在青岛海德有限公司的谈判室里，就柜式空调的外包装问题，郑强与范尼进行洽谈。

范尼：你看，我一下飞机就联系你，可怎么也打不通。
郑强：哦，我那时正在开会。
范尼：我说的嘛，怎么打不通。
郑强：不对呀，原计划你是下周一到，对吧？
范尼：对不起，我临时改变了计划。

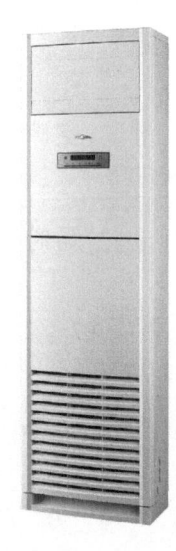

郑强：哦，那倒没关系。有什么安排吗？
范尼：我想参观几家包装厂。
郑强：那好，先看我们的吧。
范尼：可以。这批货的包装方式有变化吗？
郑强：先看一下样品吧。
范尼：你是说单件包装？

郑强：对。你看，这个，是瓦楞纸箱的样品。 —— 说明包装方式
范尼：上批货，我记得，除了发泡衬垫儿，还用木架固定，对吧？
郑强：对。根据贵方的要求，有所改变。
范尼：那就好。你也知道，我国对木质包装限制很严。
郑强：你看，这几张图片。这个，在空调上套一个塑料袋儿。
范尼：是用发泡塑料（EPS）衬垫儿固定，对吧？ —— 说明包装方式
郑强：对，外面用胶带封口，最后用条带加固。
范尼：运输路程远，保险吗？
郑强：没问题，瓦楞纸箱是七层的。
范尼：七层？毛重会增加的。
郑强：这个，没有木架固定，外包装的抗压性降低了，只好用这种纸箱。
范尼：除了超重外，这种发泡衬垫儿也不符合环保要求。 —— 要求对方修改包装方式，并说明理由
郑强：现在改，恐怕有点儿困难。 —— 礼貌地回绝对方的要求
范尼：据我了解，有些企业是用蜂窝纸板固定。
郑强：你是说，用蜂窝纸板替代EPS缓冲衬垫儿，对吧？
范尼：对呀，不仅符合环保要求，还能提高抗压性。 —— 说明选择新包装方式的理由
郑强：这倒可以考虑。
范尼：你看，包装上要有环保和回收标志。 —— 对包装标志提出要求
郑强：这没问题。按惯例，指示标志和唛头由我方来定。
范尼：可以。还有，用集装箱包装，箱内如有空隙，用缓冲气袋儿衬垫。
郑强：没问题，可以做到。 —— 对包装方式提出要求
范尼：我有个想法，这单货，把瓦楞纸箱改为蜂窝纸箱。 —— 要求对方修改包装材料
郑强：这种加厚的瓦楞纸箱也是环保材料。
范尼：说到环保，目前提倡无包装或简单包装。
郑强：这个，网上看过。
范尼：要减少包装材料，才符合"4R1D"原则。
郑强：是啊。绿色包装将成为世界包装的主流。
范尼：这是发展趋势。我看，还是早点儿动手好。

郑强：你看吧，要么用蜂窝纸箱，要么用瓦楞纸箱，反正一样。
范尼：依我看，与其等下单货，宁可一步到位。 —— 说明最后选择
郑强：这样吧，我们先参观，回头再谈。
范尼：不急，我要去江苏和广东一趟，打算再参观几家包装厂。 —— 以推托方式委婉谢绝对方建议
郑强：也好，但要早点儿定。
范尼：最晚下周就能决定。
郑强：对了，下月30号，我公司举办三十周年的庆典招待会，我代表公司向你发出邀请。 —— 向对方发出邀请
范尼：谢谢，谢谢，万分感谢！
郑强：这是请柬，欢迎届时光临！
范尼：一定。

情景会话要点

人物关系	运输包装（外/大包装）		包装标志		包装材料
	单件包装	集合包装	指示标志	运输标志	
郑强（出口商）	瓦楞纸箱 套塑料袋儿 用……封口 用……加固 要么……要么……	有空隙		唛头 按惯例， 由……来定	用……替代 蜂窝纸板 环保材料
范尼（进口商）	蜂窝纸箱 用……固定 用……替代 与其……宁可……	集装箱 用……包装 缓冲气袋儿 用……衬垫	环保标志 回收标志	?	发泡衬垫儿 EPS 衬垫儿 抗压性 符合……要求 符合 4R1D 原则

第五单元 无声的推销员(包装)

课堂练习

一 问一问

◆ 以第三者的身份回答下列问题:
1. 你认为范尼为什么去拜访郑经理?
2. 范尼为什么要求改换单件包装的衬垫儿呢?
3. 范尼对运输包装提出了什么要求?
4. 郑经理认为改进后的瓦楞纸箱有什么特点?
5. 郑经理为什么向范尼发出邀请?

二 说一说

◆ 你向对方说明某种选择时,如何表述这一要求?例如:
1. 你是说,用蜂窝纸板替代 EPS 缓冲衬垫儿,对吧?
2. 我有个想法,这单货,把瓦楞纸箱改为蜂窝纸箱。
3. 你看,这种加厚的瓦楞纸箱也是环保材料。
4. 你看吧,要么用蜂窝纸箱,要么用瓦楞纸箱,反正一样。
5. 依我看,与其等下单货,宁可一步到位。

三 分组表演

◆ 出口商向对方说明如何打空调的单件包装,并说明原因:

提示词语:用……固定 用……封口 用……加固 你看,…… 要么……要么……
　　　　　由……来定

提示句子:1. 弓经理,这个,是瓦楞纸箱的样品。你看,在空调上套一个塑料袋儿,用发泡塑料衬垫儿固定,外面用胶带封口,最后用条带加固。你看行吗?
　　　　2. 根据贵方要求,取消了用木架固定。你看,这种加厚的瓦楞纸箱也是环保材料。
　　　　3. 你看吧,要么用蜂窝纸箱,要么用瓦楞纸箱,反正一样。还有,按惯例,指示标志和唛头由我方来定。

◆ 进口商对运输包装或标志提出要求,并说明原因:
提示词语:你看行吗 依我看 用……替代 把……改为…… 与其……,宁可……

提示句子：1. 客户希望用蜂窝纸板替代EPS缓冲衬垫儿，这是环保材料，你看行吗？

2. 我有个想法，张经理，这单货，把瓦楞纸箱改为蜂窝纸箱。这不仅符合环保要求，还能降低包装成本。再有，单件包装上要有环保和回收标志。你看行吗？

3. 依我看，刘经理，与其等下单货，宁可一步到位。还有，用集装箱包装，箱内如有空隙，用缓冲气袋儿衬垫。

4. 沈老板，用蜂窝纸箱替代瓦楞纸箱，可以减少包装材料的使用，这符合"4R1D"原则。

课后练习

◆ 练一练

▲ 用指定词语或结构说明你的看法或意见：

1. 关于化肥的单件包装，你方选择牛皮纸而不是编织袋儿，如何说明这一要求？
   _____（用……替代……）

2. 进口商要求改变销售包装，你方提出两个方案，由对方决定，如何说明这一建议？
   _____（要么……要么……）

3. 关于包装问题，出口商提出两个方案，如何向对方说明自己的决定？
   _____（与其……宁可……）

3 包装设计

词语准备

词语跟读

1	注册	zhù//cè	（动）	register
				办理公司的注册手续需要哪些材料？
2	返销	fǎnxiāo	（动）	buy back
				这批产品将返销韩国市场。
3	散装	sǎnzhuāng	（形）	in bulk
				这批散装货物采用租船运输。
4	自行	zìxíng	（副）	by oneself
				你也清楚，这事我不能自行决定。
5	降解	jiàngjiě	（动）	degrade
				H公司引进了塑料降解技术。
6	恭维	gōngwéi	（动）	compliment
				我可不会说恭维话。
7	冒犯	màofàn	（动）	offend
				多有冒犯，请原谅。
8	乌龙茶	wūlóngchá	（名）	oolong (tea)
				这种乌龙茶是盒装的。

 熟语学习

1. 远看色彩近看花 yuǎn kàn sècǎi jìn kàn huā Looking from afar, you can only notice the colors; while taking a closer look, you'll pay attention to the shape of the flowers. Color is of paramount importance.

   俗语。意思是色彩给人的感受最强烈，常用于说明色彩很重要。例如：

   A：你看，这几种颜色搭配，雅而不俗，使包装图案更加清晰。
   B：改得不错，色调柔和多了。这可真是远看色彩近看花呀。

2. 货卖一张皮 huò mài yì zhāng pí The appearance and packaging of goods is very important for sale.

   俗语。比喻好的包装可以促进商品的销售，即商品包装很重要。例如：

   A：我认为，这种食品的销量不大，与小包装的设计有关。
   B：是的。有关数据表明，这种包装图案很难吸引消费者的注意力。
   A：那就对了，常言说"货卖一张皮"。让我看，该重新设计小包装。

3. 没有金刚钻，不揽瓷器活儿 méiyǒu jīngāngzuàn, bù lǎn cíqì huór Without the diamond, do not embrace the chinaware to live.

   俗语。金刚钻是指用来修补瓷器的工具。即修补瓷器时要用钻石打眼儿，本意是指没有金刚钻，修不了瓷器。现在常用来形容没有把握，就不敢说大话。例如：

   A：黄经理，就10天啦，他能干完吗？
   B：你就放心吧，没有金刚钻，他也不敢揽这瓷器活儿。

情景会话

【人物】弓江：江苏圣安包装有限公司经理
　　　　池田：日本进口商
【场景】在江苏圣安包装有限公司，弓经理陪同池田参观包装样品，边看边谈。

池田：弓经理，贵厂能生产定牌包装（Packing of Nominated Brand）吗？ ——要求使用定牌包装

弓江：可以，但要出具一份商标注册证书的复印件。

池田：可以，没问题。

弓江：打算预订多少？

池田：啊……这个嘛，看看再说。 ——以推托方式委婉拒绝对方要求

弓江：最好早下订单。

池田：我明白。你看，这单货要返销日本市场，包装上能用日文印刷吗？ ——对包装的印刷文字提出具体要求，并说明理由

弓江：没问题。你看吧，定牌包装也好，无牌包装也好，都可以做。

池田：太好了。

弓江：你看，这是小包装系列样品，那是散装单件包装。

池田：弓经理，包装材料能够回收或自行降解吧？ ——对包装材料提出要求

弓江：请放心，只要由我们来设计，都会如愿以偿的。 ——以推托方式委婉拒绝对方要求

池田：啊，这个，现在还定不了。 ——对包装设计委婉地提出不同意见

弓江：没关系。请看，这几种是纸质的，有桶装、盒装和袋装的。

池田：弓经理，这种盒式包装的色调，实在不敢恭维。哦，对不起，多有冒犯。

弓江：没关系。在中国，这种色调的内包装要么作为节日的礼品包装，因为红色表示"喜庆"嘛；要么作为乌龙茶的小包装，它代表红茶的颜色。

池田：照这么说，要是绿茶、花茶呢，（笑了）又该怎么解释呢？

弓江：看你说的，只是一种说法，远看色彩近看花嘛。

池田：要是包装设计不当，也会影响到销路。

弓江：那是，货卖一张皮嘛。我认为，入乡问俗很重要。

池田：是啊。从某种意义上讲，包装色调很重要。

弓江：可不，包装要有吸引力，才能引起消费者的兴趣。

池田：对，这就是销售包装的主要作用。

弓江：说的是。

池田：希望贵方能按"4R1D"来设计包装。 ——对包装设计提出具体要求

弓江：说句不客气的话，没有金刚钻，不揽瓷器活儿。希望贵方早下订单。

池田：噢，不瞒您说，我还要再参观两家包装厂。 ——以推托方式委婉拒绝对方要求

弓江：也好，这我理解，货比三家嘛。

情景会话要点

人物关系	包装方式		中性包装	包装材料	包装设计	表达方式
	销售包装	单件包装				
弓江 （包装商）	系列样品 桶装、盒装 袋装……	散装	商标注册 复印件	纸质	如愿以偿 入乡问俗 有吸引力	返销……市场 ……也好，……也好
池田 （进口商）	?	印刷	定牌包装 返销	回收 降解	盒式包装 影响销路 色调 4R1D	由……来设计 要么……要么…… 按……设计包装

课堂练习

一 问一问

◆ 以第三者的身份回答下列问题：

1. 如果预购定牌包装，弓经理要求出具什么证明？
2. 对包装的印刷，池田先生提出了什么要求？
3. 弓经理是怎么向日商介绍包装产品的情况的？
4. 弓经理为什么认为包装设计很重要？

二 说一说

◆ 如何用推托或选择的方式来说明自己的意见呢？例如：

1. 啊……这个嘛，看看再说。
2. 你看吧，定牌包装也好，无牌包装也好，都可以做。
3. 这个，现在还定不了。
4. 弓经理，这种盒式包装的色调，实在不敢恭维。
5. 噢，不瞒您说，我还要再参观两家包装厂。

第五单元　无声的推销员（包装）

三 小组表演

◆ 关于包装设计，包装商有选择地进行了介绍，并说明自己的愿望：

提示词语：……也好，……也好　要么……要么……　这只是一种说法

提示句子：1. 这是小包装系列样品，有桶装、盒装和袋装的。那是散装单件包装。请看，这几种是纸质的，包装材料能够回收或自行降解。你看吧，定牌包装也好，无牌包装也好，都可以做。只要由我们来设计，都会如愿以偿的。

2. 你看，这只是一种说法。在中国，这种颜色的内包装要么作为节日的礼品包装，因为红色表示"喜庆"嘛；要么作为乌龙茶的小包装，它代表红茶的颜色。

3. 你看，远看色彩近看花嘛。俗话说，货卖一张皮。我认为，入乡问俗很重要。包装要有吸引力，才能引起消费者的兴趣。你说对吧？

4. 说句不客气的话，没有金刚钻，不揽瓷器活儿。只要由我们来设计，一定会如愿以偿的。

◆ 关于包装设计，采购商（日商）以选择或推托方式提出要求：

提示词语：返销……市场　按……设计　不瞒你说

提示句子：1. 弓经理，我们打算预订一批定牌包装。你看，这单货要返销日本市场，包装上要用日文印刷，可以吗？

2. 弓经理，从某种意义上讲，包装色调很重要。这种盒式包装的色调，实在不敢恭维。

3. 弓经理，希望贵方能按"4R1D"来设计包装，包装材料要能够回收或自行降解。

4. 俗话说，货比三家嘛。不瞒你说，我还要再参观两家包装厂，才能作最后的决定。

课后练习

一 练一练

▲ 用指定词语或结构说明你的看法或意见：

1. 如果精装和简装都能做，如何向对方表明自己的态度？

（……也好，……也好）

2. 假如你不喜欢这种小包装的色调，如何礼貌地表明自己的看法？

_____（恭维）

3. 如果你对他人当面说出不太礼貌的话，如何向对方表示歉意？

_____（冒犯）

二 答一答

▲ 从进口商的角度向卖方提出包装色调方面的问题。

▲ 从进口商的角度对商品小包装的色调、图案等方面提出你的看法及建议。

三 语段表达

▲ 你认为，池田先生为什么没有马上向厂家下订单呢？

参考观点：

俗话说：货比三家。池田想再参观两家包装厂，才能作最后的决定。也许这只是一种说法。也可以有另一种解释，也就是说，这是一种托辞。可能池田对样品不太满意，但又不好直说，只好找个理由来推托。也许还有第三种解释，那就是，池田只是想了解一下中国包装业的发展变化，并不打算订货。诸位，你还有其他的解释吗？

背景广角

1. 在洽谈包装条款时，都会涉及哪些主要内容？

In negotiating the packing clauses, what major contents could be covered?

答：在洽谈包装条款时，会涉及包装材料、包装方式、包装规格、包装标志等内容，有时也包括包装费用，如简装与精装的差价问题等。

In negotiating the packing clauses, such contents as packing materials, packing methods, packing specification and marking of package could be covered. Sometimes, packing costs, including the price gap resulting from the different choice between the plain packing and deluxe packing, could be discussed as well.

2. 在国际贸易中，进出口货物可分为哪几大类？
In international trade, how do we categorize those imported and exported goods?

答：在国际贸易中，进出口货物可分为三类：一类是裸装货，如木材、铝锭、生铁等。一类是散装货，如小麦、砂糖、矿砂等。一类是包装货，如汽车、服装、茶叶、水果等。

Imported and exported goods can be categorized into three groups. The first is called nude cargo, such as timber, aluminum ingot, and pig iron, etc. The second is cargo in bulk, such as wheat, granulated sugar and ore, etc. The third is packed cargo, such as automobiles, clothing, tea and fruits, etc.

3. 何谓"中性包装"？
What is "neutral packing"?

答：所谓"中性包装"，是指既不标明生产国别、地名和厂家名称，也不标明商标或牌号的包装。在国际贸易中，"中性包装"有两种：一是无牌包装（no-brand packing）。这种商品或包装上均不使用任何商标或牌号，也不注明生产国别和厂名。二是定牌包装（packing of nominated brand）。商品或包装上印刷买方指定的商标或牌号，但不注明生产国别和厂名。

"Neutral packing" means that there is neither a country of origin, address or name of the factory/manufacturer, nor a trademark, a brand on the packing of the commodity and the commodity itself. There are two kinds of "neutral packing" in international trade. One is no-brand packing, which means that on the packing, no brand or trademark or the country of origin or the name of the factory will be printed. The other one is packing of nominated brand, which refers to the packing with the trademarks and brands of the buyer printed on it without indicating the manufacturing country and the name of the factory/manufacturer.

4. 说说看，你知道哪些关于包装方式的词语？
Which words and expressions do you know on packing methods?

销售包装 （内包装或小包装） Sales Package inner packing (also called small packing)	折叠式；悬挂式；展开式等 collapsible package; hanging package; spreading-up package			便于陈列 patterns for display
	开窗式；透明式 windowed package; transparent package			便于识别 patterns for identification
	携带式；易开式；礼品式；喷雾式 carry-about package; easily-opened package; showing-off-a-gift package; spraying-out package			便于使用 patterns for function of use
	真空式 vacuum package			便于保存 patterns for storage
运输包装 （外包装或大包装） Packing for Shipment (also called outer package or big packing)	单件包装 single piece packing	外形 style	箱装；盒装；瓶装；袋装；罐装；桶装等 cases; boxes; bottles; bags; cans; drums	
		材料 material	纸质；木质；塑料；金属；薄膜；锡箔纸等 paper; wood; plastic; metal; membrane; silver paper	
	集合包装 collective package	托盘 pallet	塑料；木质；金属等 plastic; wood; metal, etc.	
		集装包/袋儿 flexible container	编织包/袋儿；牛皮纸包/袋儿等 woven bags; kraft paper parcels/bags, etc.	
		集装箱 container	空隙；缓冲；衬垫儿；气袋儿等 intervening space; cushioning; pads; air dunnage bags, etc.	

5. 说说看，"唛头"都包括哪些内容？
What are included in "marks"?

答：运输标志（Shipping Marks）也称"唛头"，其基本内容如下：
（1）收、发货人的英文缩写字母或简称
（2）目的港／地的名称

（3）件数代号（批件号）

（4）重量（毛重＝Gross Weight）标志

（5）重量（净重＝Net Weight）标志

（6）体积（Volume）标志

（7）原产地（国）标志

Shipping marks, also called marks, include:

a. abbreviation of the receiver and the sender

b. destination/arrival

c. lot No./approval No.

d. gross weight

e. net weight

f. volume

g. name of origin

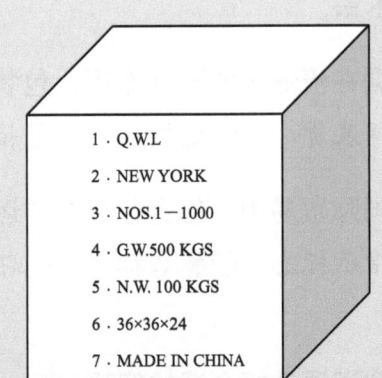

单元综合练习五

一 为加点的字选择正确的读音

1. 宁愿（nìng / níng）　　4. 薄膜（bó / báo）　　7. 收缩（suō / sù）

2. 宁静（nìng / níng）　　5. 空隙（kòng / kōng）　　8. 恭维（wéi / wei）

3. 散装（sǎn / sàn）　　6. 塑料（sù / shuò）　　9. 唛头（mài / mà）

二 根据句子内容，选择正确答案（在合适的选项前画✓，可选多项）

1. 在商谈包装条款时，双方一定会涉及的内容有_____等方面的内容。

□包装方式　　□包装材料　　□包装标志　　□包装规格　　□包装费用

2. 在国际贸易中，"运输包装"也称为_____。

□大包装　　□销售包装　　□外包装　　□小包装　　□内包装

□零售包装

133

3. 在国际贸易中，包装材料主要包括_____等几大类。
　　□蜂窝　　　□纸质　　　□木质　　　□瓦楞　　　□金属　　　□塑料
　　□木架

4. 根据在流通中的不同作用，包装可分为_____和_____两种类型。
　　□桶装货　　□运输包装　　□箱装货　　□中性包装　　□销售包装　　□罐装货

5. 在国际贸易中，集合包装的"运输标志"也可以称为_____。
　　□指示标志　　□警告标志　　□环保标志　　□条形码　　□唛头　　□标签

三 为下列词语选择合适的解释

1. 如愿以偿　　（　）　　A. 一定有办法解决。
2. 不谋其政　　（　）　　B. 经过挑选、比对后才决定是否购买。
3. 货比三家　　（　）　　C. 愿望实现了。
4. 入乡问俗　　（　）　　D. 不管与自己无关的事。
5. 车到山前必有路（　）　　E. 到一个地方要先了解当地的习俗。

四 用指定词语改述下列句子

1. 如果由你来交涉，这事就好办多了。（出面）
　　_____

2. 抱歉，抱歉！贵客临门，有失远迎。（大驾）
　　_____

3. 已经协商了三次，可怎么都不行。（左右）
　　_____

4. 不瞒您说，他设计的这个图案很难通过。（恭维）
　　_____

5. 请原谅，出言不逊（xùn），多有得罪。（冒犯）
　　_____

案例分析

【案情】

　　去年年底，德源公司与澳门客商成交了一笔红茶生意，共计1万箱，总价值30万美元，由澳商转口南非。合同的包装条款规定："均以蜂窝纸箱盛放，每箱净重5公斤，两箱一捆，外套麻袋。"事后,澳门客商如期通过中国银行澳门分行开出了不可撤销的跟单信用证。德源公司审证时发现信用证的包装条款为"均以蜂窝板箱盛放,每箱净重5公斤,两箱一捆"。与合同不符的是,没有要求"箱外加套麻袋"。经研究,德源公司的金经理认为,当信用证与合同有出入时,应凭信用证要求来执行,以保证安全收汇。因此,这批货物的包装就根据信用证条款办理,只装箱打捆,没加套麻袋,而且所有单据都按信用证条款来抄写。

澳商收到货物后给德源公司发去传真说:"兹告发现所有货物未套麻袋,恕通知你方,我方买主不会接受此种包装的货物。请告知你方所愿采取的措施。"金经理认为不能承担任何责任,并向澳商说明了情况。澳商当天拒绝了这种说法,还指出信用证订有"其他均按销售确认书K527号",并提出索赔,要求德源公司承担所有重新打包的费用,并另加每箱7港元的仓储费用。

【要求】 若信用证与销售合同内容不符时,卖方应选择哪种做法?选用下列词语来说明:
……也好,……也好　假如……,反之,要是……　我认为,……或是……

【问题】 你认为,金经理错在哪儿?这部分的包装费用应由哪一方来负担?

课上讨论

题目:在国际贸易中,水果、饮料、服装等商品的销售包装和运输包装怎么打?

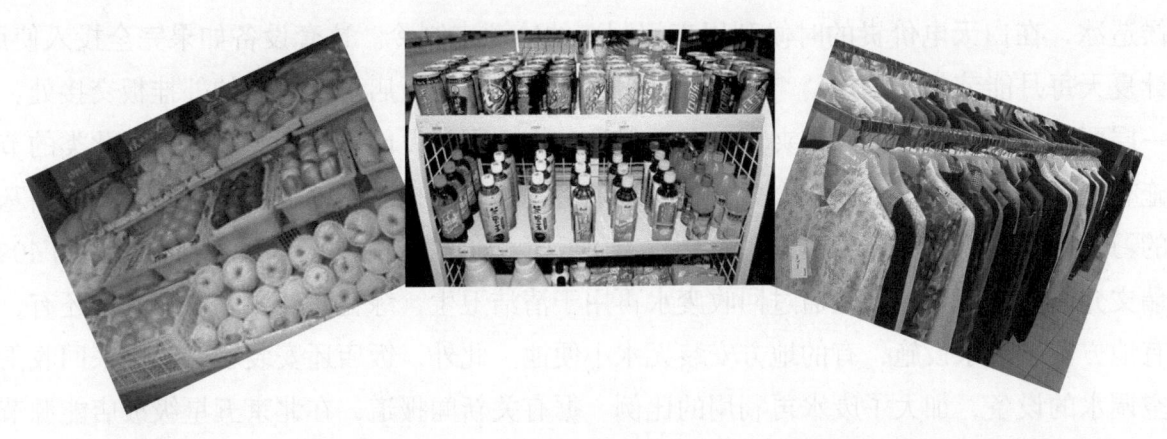

补充阅读

一、绿色包装

绿色包装（Green Package）也称为环保包装，是指对生态环境和人类健康无害，能重复使用和再生的包装。绿色包装分为A级和AA级。A级绿色包装是指废弃物能够循环复用、再生利用或降解腐化，含有毒物质在规定限量范围内的适度包装。AA级绿色包装是指废弃物能够循环复用、再生利用或降解腐化，而且在产品整个生命周期中对人体及环境不造成公害，含有毒物质在规定限量范围内的适度包装。随着工业现代化的发展，中国对绿色包装的研制不断深入。20世纪80年代以来，中国对包装废弃物主要采取回收处理方式，以减少其对环境的污染。1984年，中国开始实施环保标志制度，并先后颁布了《中华人民共和国环境保护法》（1989）、《包装废弃物的处理和利用》（1996）等项法律法规。1998年，中国各省绿色包装协会成立。进入21世纪后，为防治"白色污染"，中国很多包装企业按ISO14000系列标准生产、使用绿色包装。加入WTO后，中国面临着绿色贸易壁垒的挑战。中国企业只有在研制绿色包装上下工夫，才能在国际市场占有一席之地。

二、经营之道

凯宾斯基饭店的工程部总监瑞文是个外籍高管人员，在饭店节能方面，他下了不少工夫。为了省电，饭店花3000万元安装了"冰储冷"设备，这套设备可以在夜间电价便宜的时候造冰，在白天电价贵的时候利用夜间制造的冷源来制冷。这套设备如果完全投入使用，预计夏天每月能节省22万元，节电1250千瓦。还有，在饭店每幢建筑的外挂板交接处，都有一层两厘米厚的深灰色海绵夹层，冬天保温，夏天隔热，能节约不少电。诸如此类的节电措施有很多，如酒店员工在客人离开后会自觉将餐厅灯关掉一样，节能几乎成了凯宾斯基饭店的习惯。在节水方面，凯宾斯基饭店也有绝招。他们现在的用水量只相当于过去的40%。据瑞文介绍，这一半的水是通过回收废水再用于清洁卫生、绿化、冲厕和洗车等。还有，在所有地方安装节水设施，有的地方安装无水小便池。此外，饭店还安装了一套用来回收雨水和空调水的设备，加大了废水再利用的比例。据有关新闻报道，在北京五星级饭店能源节约排名中，凯宾斯基饭店名列第一，单位平方米水、电、气的能源消耗最少。据有关经济学家预言，节能效果的好坏，将决定企业的可持续发展。

【思考题】
1. 在节电方面，哪些措施最有效？
2. 在节水方面，哪些措施最有效？
3. 据有关经济学家预言，什么将决定企业的可持续发展？

在生产、消费等人们生活环节中实现"零垃圾"目标，将可能从根本上改变未来的经济模式，诱导一场前所未有的"新的工业革命"。

防患于未然（保险）

第1课　扩大主险范围
第2课　扩大附加险范围
第3课　委托代办保险

交际任务：货运保险

一、进口商要求扩大投保范围
二、出口商说明扩大投保范围的条件
三、委托对方代办投保手续

话题背景

　　在国际贸易中，进出口货物在运输、装卸、存储过程中难免会遇到风险，造成货物破损、变质甚至被盗等等。为了保障货物遭受损失后能够得到经济上的补偿，发货前应及时办理投保手续。按惯例，应该由哪一方来负责投保呢？一般来说，都是根据不同的贸易术语来决定的，比如说，以 FOB 或 CFR 成交的应由买方负责投保，以 CIF 或 CIP 成交的该由卖方负责投保。需要说明的是，如果由卖方来负责投保，交易双方还要对投保的险别、保险金额等问题进行磋商。

　　In international trade, imported and exported goods are likely to encounter a number of risks in transit, in loading and unloading process or in storage, which possibly make goods damaged, deteriorated, or stolen. Thus, in order to compensate those financial losses, it is necessary to have the cargo insured duly before delivery. Then who ought to do this? According to common practices, it's generally decided by the choice of different trade terms. For example, in FOB or CFR, it is the buyer that ought to buy the insurance, whereas in CIF or CIP, it is the seller's responsibility, when the seller and buyer should further negotiate about some details like the coverage and the amount that should be insured.

关键词语

保险：
fēngxiǎn	tóu//bǎo	jīběnxiǎn	sǔnhào	miǎnpéi lǜ	péicháng	bǎofèi	fèilǜ	bǎojīn
风险	投保	基本险	损耗	免赔率	赔偿	保费	费率	保金

jiā bǎo	chúwài zérèn	bù zhī guìfāng zhùyì dào méiyǒu	wǒ háishi nà jù huà	wèntí shì	juéfēi
加保	除外责任	不知贵方注意到没有	我还是那句话	问题是	决非

nǐ kàn a	guānjiàn shì	wǒ shuō de shì
你看啊	关键是	我说的是

1 扩大主险范围

词语准备

词语跟读

1	险别	xiǎnbié	（名）	risks and coverage
				我看，这单货要扩大险别范围。
2	主险	zhǔxiǎn	（名）	main risk
				这方面不包括在主险范围内。
3	航线	hángxiàn	（名）	air route; airline; shipping line
				据说这条航线近来不太安全。
4	无常	wúcháng	（形）	variable; changeable
				这个季节的气候变化无常。
5	排除	páichú	（动）	exclude
				我觉得不能排除这种可能。
6	船舱	chuáncāng	（名）	cabin
				船舱通风设备不好，货物会受潮。
7	关闭	guānbì	（动）	close
				船舱的通风设备全部关闭了。
8	差额	chā'é	（名）	difference
				买进和卖出的差额是多少？
9	损耗	sǔnhào	（动）	damage; wastage
				一般来说，损耗率是2%。

熟语学习

1. **没有比……再／更……的了** méiyǒu bǐ ……zài/gèng ……de le there will be nothing better than sth./sb.

   "比"字句。表示达到最高程度。例如：

   ① 快下聘书吧，我认为没有比他再出色的了。
   ② 看来只能这样，没有比这个办法更好的了。

2. **天有不测风云** tiān yǒu búcè fēngyún Something unexpected may happen any time.

   俗语，也说"天有不测风云，人有旦夕祸福"。"不测"是指不可预料的。比喻有些灾祸的发生，事先是无法预料的，就像天气一样变化无常。常用于提示对方注意某种情况。例如：

   A：我认为没有必要，这种情况一般是不会发生的。
   B：天有不测风云哪，有时很难预料。

3. **防患于未然** fáng huàn yú wèi rán nip in the bud

   成语。也说"防患未然"，意思是在事故或灾害还没发生之前就采取预防措施。例如：

   ① 发货前要办好投保手续，以便防患于未然。
   ② 为防患未然，最好先把合同签了。

【人物】马里奥：德国进口商
　　　　陈建军：德昌公司经理
【场景】在陈经理的办公室，马里奥对货运险别提出了新的建议。

马里奥：陈经理，看你这满面春风的样子，好像有什么喜事嘛。
陈建军：（笑着说）没错。告诉你，我当爸爸啦。
马里奥：哦，恭喜，恭喜！祝宝宝平安健康！
陈建军：借你吉言。我呀，得买份礼物送给儿子。

马里奥：叫我说啊，没有比买份保险更好的了。

陈建军：不错，好主意。

马里奥：朋友常说，一生中最大的需求就是安全和保障。

陈建军：可不，天有不测风云哪。　　——以强调方式转入新话题

马里奥：就是。陈经理，关于货运主险，我还想说两句。

陈建军：这个，按惯例，都是投保平安险（Free from Particular Average，简称 F. P. A）。

马里奥：不知贵方注意到没有，在交货期间，那条航线的气候变化无常。

陈建军：你也知道，这谁都不好保证。　　——要求扩大主险范围，并说明原因

马里奥：为防患于未然，最好投保水渍险（With Particular Average，简称 W. P. A）。

陈建军：我还是那句话，得重新报价。　　——有条件地同意扩大保险范围

马里奥：问题是，可能会遇到暴风雨。　　——要求扩大主险范围，并说明原因

陈建军：是的，不排除这种可能。　　——说明扩大主险的原因

马里奥：你看，如果船舱通风设备关闭时间过长，可能导致部分大米受潮受热。

陈建军：不能说没有这种可能，但以往从未发生过。　　——以强调方式说明自己的意见

马里奥：这种担心决非多余。如果不扩大主险，加保受潮、受热险（Risk of Sweating and Heating）和短量险（Risk of Shortage）也行。　　——要求扩大附加险范围

陈建军：这个问题先放一下，好吗？

马里奥：你的意思是——

陈建军：这么说吧，按惯例，散装货一般以装船重量和卸船重量的差额作为短量的依据。　　——说明不需要扩大短量险的原因

马里奥：没错。你是说——

陈建军：你看啊，运输的正常损耗，保险公司是不赔的。

马里奥：哦，误会啦，我说的是超过免赔率的部分。

陈建军：哦，这样，那当然要赔偿啦。

马里奥：算啦，增加的保费，由我方来负担。

陈建军：也行，那就加保。

马里奥：不，投保水渍险。

陈建军：也好，按你说的办。

马里奥：还有，人保的费率是多少？

陈建军：听说有变化，我让秘书查一下。

马里奥：打一份，好吗？陈经理。

陈建军：可以。谈下个问题吧。

马里奥：也好，一会儿再谈。

情景会话要点

人物关系	主险(基本险)险别		加保附加险	险别费率
	平安险	水渍险		
马里奥 (进口商)	在交货期间, 气候变化无常	投保水渍险 增加的保费, 由……负担	通风设备 受潮、受热险	保险公司不同 保险标的不同 保险时间不同
			短量险 超过免赔率	
陈建军 (出口商)	按惯例, 投保平安险	重新报价 按你说的办	从未发生过	
			正常损耗不赔	

课堂练习

一 问一问

◆ 以第三者的身份回答下列问题:

1. 为什么马里奥建议陈先生买份保险送给他的儿子?
2. 关于投保的险别问题,双方的分歧是什么?
3. 马里奥希望扩大承保责任范围的理由是什么?
4. 根据惯例,货物短量多少是以什么作为依据?
5. 关于增加的保险费用,由哪一方来负担?

二 说一说

◆ 当你强调某事物很重要时,如何向对方说明?例如:

1. 陈经理,关于货运主险,我还想说两句。
2. 不知贵方注意到没有,在交货期间,那条航线的气候变化无常。
3. 为防患于未然,最好投保水渍险。

4. 我还是那句话，得重新报价。

5. 问题是，可能会遇到暴风雨。

三 分组表演

◆ 进口商向对方说明扩大险别范围的原因：

提示词语：关于……，……　不知贵方注意到没有　问题是……　决非　我说的是

提示句子：1. 关于货运主险，不知贵方注意到没有，在交货期间，那条航线气候变化无常。为防患于未然，最好投保水渍险。

2. 陈经理，问题是，可能会遇到暴风雨。如果船舱通风设备关闭时间过长，可能导致部分大米受潮受热。你看，如果不扩大主险，加保受潮、受热险和短量险也行。

3. 哦，误会啦，陈经理，我说的是超过免赔率的部分。

◆ 出口商向对方说明不需要扩大险别范围的原因：

提示词语：不能说没有这种可能　以……作为……依据

提示句子：1. 马里奥先生，不能说没有这种可能，但以往从未发生过。

2. 按惯例，散装货一般以装船重量和卸船重量的差额作为短量的依据。你看啊，运输的正常损耗，保险公司是不赔的。

练一练

▲ 用指定词语或结构说明你的看法或意见：

1. 你同意扩大承保范围，但如何说明增加的保费由对方负担？

　　　　　　　　　　　　　　　　　　　　　　（……是……，但……）

2. 假如你认为对方说的有道理，如何以强调方式表示同意？

　　　　　　　　　　　　　　　　　　　　　　（决非）

3. 当你同意对方的做法或意见时，如何以强调方式表示同意？

　　　　　　　　　　　　　　　　　　　　　　（没有比……再……的了）

2 扩大附加险范围

词语准备

1 词语跟读

1	附加险	fùjiāxiǎn	（名）	accessory risk; additional risk
				希望扩大附加险的承保范围。
2	关注	guānzhù	（动）	pay attention to
				很多人都在关注这件事的发展。
3	沾污	zhānwū	（动）	make sth. dirty; stain
				散装货物容易被沾污或短量。
4	钩损	gōusǔn	（名）	hook damage
				由于钩损，部分大米的分量不足。
5	淡水	dànshuǐ	（名）	fresh water
				我方希望加保淡水雨淋险。
6	串味儿	chuàn//wèir	（动）	become tainted in flavor; absorb the smell of sth. else
				为防止意外，最好投保串味儿险。
7	加成	jiā chéng		additive
				保险公司加几成计算保费？
8	延迟	yánchí	（动）	delay; defer; postpone
				谈判不能再延迟了，马上通知对方。

2 熟语学习

1. **未雨绸缪** wèi yǔ chóumóu take precautions before it is too late

   成语。趁着天没下雨，先修缮房屋门窗。比喻事先作好准备。例如：

A：没想到，贵方都已经准备好了。

B：未雨绸缪，不提前准备不行啊。

2. **一锤定音** yì chuí dìng yīn set the tune with one beat of the gong, give the final say

成语。意思与"一言为定"相近。比喻一句话或一个关键的行为就把某事确定下来。例如：

① 好，是个爽快人，一锤定音。
② 这么重要的事，哪能一锤定音呢？

3. **丑话说在前头** chǒuhuà shuō zài qiántou Let's make the premise clear first.

俗语。意思是不中听的话先说或有言在先，有提醒或警告的意思。例如：

① 周老板，咱们丑话说在前头，要是延误了时间，可要追究责任。
② 丑话可要说在前头，装运后要马上发送装运通知，否则责任在贵方。

情景会话

【人物】姜庆军：瑞华贸易有限公司经理
　　　　阿米尔：伊朗进口商

【场景】在姜经理的办公室，阿米尔拿着报纸在说着什么。

阿米尔：姜经理，这篇文章说，中国白领阶层的风险意识最强。
姜庆军：是啊。别说是白领了，就是普通老百姓也很关注这个。 ——以强调方式说明自己的意见
阿米尔：随着生活水平的不断提高，人们的自我保护意识还会增强。
姜庆军：可不，这是经济发展的必然趋势。
阿米尔：对了，昨晚电话说的事考虑得怎么样了，姜经理？
姜庆军：这个嘛，叫我说，关键是需不需要再加保那两种险。 ——以强调方式说明自己的意见
阿米尔：这种事啊都是未雨绸缪，谁敢打保票？
姜庆军：没错，那倒是。
阿米尔：说老实话，这种担心决非多余。
姜庆军：这我理解。
阿米尔：你看，我们进口的是高档男装，价值高，风险大。 ——说明扩大附加险的原因

姜庆军：可问题是，在水渍险的基础上，已加保了沾污险（contamination）和钩损险（hook damage），对吧？

阿米尔：对不起，不是我出难题，最好再加保淡水雨淋险（Fresh Water and/or Rain Damage，简称 FWRD）和串味儿险（Taint of Odour）。 <!-- 要求扩大附加险范围 -->

姜庆军：要是这样，还不如扩大基本险。

阿米尔：一切险？那再好不过啦。

姜庆军：按说，也不是不行，但涉及保费。

阿米尔：保费？报价里不是包括了吗？ <!-- 有条件地同意扩大基本险范围 -->

姜庆军：是啊，但是要投保一切险（All Risks，简称 A.R.），得重新报价。

阿米尔：要是不扩大，保金按两成（20%）投保也行。

姜庆军：两成？不好办。按理说，都是根据货款加一成来计算的。 <!-- 有条件地同意不扩大基本险范围 -->

阿米尔：你看，保金比例还是要根据货物的价值来决定。

姜庆军：按惯例，增加的保费应由贵方来负担。

阿米尔：行，这部分费用由我方承担，但报价不变。

姜庆军：好，一锤定音。

阿米尔：姜经理，希望能够按时收到货物。

姜庆军：这个，按 C.I.C. 条款规定，延迟运输所造成的损失或费用，属于除外责任（exclusion）。 <!-- 以强调方式说明自己的意见 -->

阿米尔：哦，不，我说的是，责任在贵方。

姜庆军：这一点就没什么可说的啦，您不必担心。

阿米尔：请原谅，丑话说在前头嘛。

姜庆军：没关系，这样好。

情景会话要点

人物关系	基本险（主险）	一般附加险	保险费率（比例）	除外责任（保险人不承担赔偿责任）
阿米尔（进口商）	一切险 扩大保险范围	淡水雨淋险 串味儿险	保金 按两成投保 由……承担	按时收货
姜庆军（出口商）	水渍险	沾污险 钩损险	根据……计算 货款加一成	延迟运输 按 C.I.C. 条款规定，属于……
	重新报价	保费	由……负担	

课堂练习

一 问一问

◆ 以第三者的身份回答下列问题：

1. 姜经理认为只有中国白领阶层的风险意识强，对吗？
2. 阿米尔要求加保的是哪两种附加险？
3. 阿米尔为什么要再加保那两种附加险？
4. 为什么阿米尔希望保险金额按两成投保呢？
5. 延迟运输所造成的损失或费用，保险公司赔偿吗？

二 说一说

◆ 当你强调某事物很重要时，如何向对方说明你的看法？例如：

1. 别说是白领了，就是普通老百姓也很关注这个。
2. 这个嘛，叫我说，关键是需不需要再加保那两种险。
3. 这种事啊都是未雨绸缪，谁敢打保票？
4. 说老实话，这种担心决非多余。
5. 哦，不，我说的是，责任在贵方。

三 分组表演

◆ 出口商以强调方式说明自己的看法：

提示词语：别说是……，就是……　关键是　按理说/按说　不是不　按惯例

提示句子：1. 别说是白领了，就是普通老百姓也很关注这个。这是经济发展的必然趋势。

2. 这个嘛，叫我说，关键是需不需要再加保那两种险。按说，也不是不行，但涉及保费。

3. 两成？不好办。按理说，都是根据货款加一成来计算的。话又说回来，按惯例，增加的保费应由贵方来负担，否则就得重新报价。你说对吧？

◆ 进口商以强调方式说明扩大险别范围的原因：

提示词语：不是我……，最好……　说老实话，……　决非……　我要说的是　你看

提示句子：1. 聂经理，不是我出难题，最好再加保淡水雨淋险和串味儿险。你看，我们进口的是高档男装，价值高，风险大。

2. 说老实话，这种担心决非多余。我方希望在水渍险的基础上再加保沾污险和钩损险。你看，我们进口的是高档男装，价值高，风险大。

3. 我要说的是，保金比例还是要根据货物的价值来决定。你看，这部分费用由我方承担，但报价不变，可以吧？

课后练习

◆ 练一练

▲ 用指定词语或结构说明你的看法或意见：

1. 如果你同意扩大保险范围，如何说明增加的保费怎么解决？
   _____（关键是……）

2. 如果对方同意承担增加的保费，你如何表明自己的态度？
   _____（没什么可说的）

3. 如果你想强调你方的要求，如何向对方说明扩大附加险的范围？
   _____（我说的是……）

3 委托代办保险

词语准备

词语跟读

1	代办	dàibàn	(动)	commission
				由贵方代办此事比较好。
2	仿古	fǎnggǔ	(动)	archaize
				上个月公司进口了一批仿古家具。
3	实物	shíwù	(名)	real object
				你看,图片跟实物不同。
4	眼界	yǎnjiè	(名)	field of vision; scope
				这回可真让人大开眼界。
5	保养	bǎoyǎng	(动)	maintain
				汽车要定期保养,这样才安全。
6	红木	hóngmù	(名)	redwood
				我打算订购一套红木家具。
7	破裂	pòliè	(动)	break; crack
				进口的瓷器有一部分已经破裂。
8	内陆	nèilù	(名)	inland
				我们是内陆国家,没有港口。
9	授权	shòuquán	(动)	empower; authorize
				我认为可以授权对方代办此事。

专名

	捷克	Jiékè	[国名]	Czech Republic
				我有个客户是从捷克来的。

熟语学习

1. **别说……就/连……也……**　bié shuō ……jiù/lián……yě……　not to mention……

   递进复句。强调"就/连"后面的事物。例如：

   ① 别说你啦，就是董事长也不知道他去哪儿啦。
   ② 别说合作了，连外商的面也没见到。

2. **是这样**　shì zhèyàng　That's it.

   习用语。重音、语调不同，所要表达的意思就不同。例如：

   ① 是这样。（表示同意）
   ② 噢，是这样。（表示明白）
   ③ 哦（ó），是这样？（表示意外，语调上扬）
   ④ 哦（ò），是这样，……（表示解释说明）
   ⑤ 是这样？看来你比我清楚。（表示不相信）

情景会话

【人物】罗建军：某家具公司经理
　　　　马希拉：捷克进口商
【场景】在仿古家具展览会上，罗经理陪马希拉参观完样品后回到谈判桌。

马希拉：罗先生，实物比图片更好，真是大开眼界呀。
罗建军：听你这么说，我很高兴。
马希拉：这种高档家具，保养方法很重要。
罗建军：可不，你看，每套家具都有说明书。
马希拉：那就好。这种家具对室内的温度也有一定的要求。　　　双方以列举方式强调仿古家具的保养很重要
罗建军：对，摆放的位置最好远离门窗等处，室内湿度要适中。
马希拉：要是养花养鱼，可以自动调节室内空气。
罗建军：是这样。可以向用户提些建议。　　　表示同意
马希拉：最好向订单用户提供售后服务。

罗建军：这个嘛，现在还有困难。你看，在展会上订货有3%的优惠。

马希拉：罗先生，报的CIP（保费、运费付到……），主险是哪种？

罗建军：水渍险，对这类红木家具都是，再加保碰损、破碎险（Risk of Clash & Breakage）和包装破裂险（Breakage of Packing）。

马希拉：你也知道，我们是内陆国家，采用海陆联运，目的地是捷克的布拉格（Prague）。

罗建军：目的港在法国的马赛（Marseilles）？

马希拉：啊，不，是德国的汉堡（Hamburg）。这两个港口都有直达的国际列车。

罗建军：要是增加运输距离，得重新计算保费。

马希拉：哦，是这样！报价中不是包括了吗？　　　　　　　表示意外

罗建军：是的，关键是保费已经上扬了，这你也知道。

马希拉：罗先生，假如按FCA成交，可以委托贵方代为投保吗？　　委托对方代其在华办理投保手续

罗建军：没问题。别说这个，就是其他的服务，我们也愿意提供。

马希拉：那这样，请贵方代我们投保一切险。

罗建军：可以。只要客户授权委托我们，都可以代其办理。　　同意代对方在华办理投保手续，并说明要求

马希拉：太好了，这很方便。

罗建军：对啦，建议贵方加保交货不到险（Failure to Deliver Risk）。

马希拉：哦，你的意思是——　　表示解释说明　　建议对方加保附加险并说明原因

罗建军：是这样，近来这条航线一连发生了几件事，可能不太安全。

马希拉：是这样。据我估计，保费可能还会有新的变化。　　表示明白

罗建军：可不，不确定因素很多。对了，投保所需费用，请最迟下月中旬前寄到。

马希拉：好的，一定。罗先生，有个问题想咨询一下。

罗建军：不客气，请讲。

马希拉：要是按伦敦I.C.C.（Institute Cargo Clause，即协会货物条款）条款投保，中国保险公司承保吗？

罗建军：据我所知，没问题。你的意思是——

马希拉：误会啦，是朋友托我了解一下。

罗建军：啊，是这样。请贵方尽快提交授权委托书。　　表示明白

马希拉：好的。

情景会话要点

人物关系	报价	主险	附加险		代办保险
			一般附加险	特殊附加险	
马希拉 （进口商）	FCA （货交承运人） 海陆联运/目的地	一切险 保费 由……负担		交货不到险	按伦敦 I.C.C. 条款投保
罗建军 （出口商）	CIP （保费、运费付到……） 目的港	水渍险 由……投保	碰损、破碎险 包装破裂险	不太安全	客户委托 授权委托书

课堂练习

一 问一问

◆ 以第三者的身份回答下列问题：

1. 如果以 CIP 成交，海运保险应由哪一方负责投保？
2. 如果以 FCA 成交，海运保险应由哪一方负责投保？
3. 中方为什么要重新计算货运保费？
4. 罗经理为什么建议对方加保交货不到险？
5. 马希拉希望按伦敦 I.C.C. 条款投保吗？

二 说一说

◆ 如何以强调方式向对方说明自己的意见？例如：

1. 哦，是这样！报价中不是包括了吗？
2. 关键是保费已经上扬了，这你也知道。
3. 是这样，近来这条航线一连发生了几件事，可能不太安全。
4. 是这样。据我估计，保费可能还会有新的变化。
5. 啊，是这样。请贵方尽快提交授权委托书。

三 分组表演

◆ 出口商以强调方式说明自己的意见或看法：

提示词语：别说……，就是……，也…… 只要……，都…… 提交 加保 航线

提示句子：1. 没问题，别说这个，就是其他的服务，我们也愿意提供。对了，投保所需费用，请最迟下月中旬前寄到。

2. 没问题，只要客户授权委托我们，都可以代其办理。请贵方尽快提交授权委托书。

3. 我建议贵方再加保交货不到险。你看，近来这条航线一连发生了几件事，可能不太安全。

◆ 进口商以强调方式说明自己的要求：

提示词语：你也知道 按……成交 委托 投保

提示句子：你也知道，我们是内陆国家，采用海陆联运，目的地是捷克的布拉格。罗先生，假如按FCA成交，可以委托贵方代为投保吗？

◆ 出口商以列举方式说明仿古家具的保养方法：

提示词语：……，这是一，二呢，……，还有……

提示句子：这种高档家具，保养方法很重要。比如说，对室内的温度有一定的要求。这是一。二呢，摆放的位置最好远离门窗等处。还有，室内湿度要适中。要是养花养鱼，可以自动调节室内空气。你看，每套家具都有说明书。

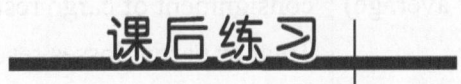

一 练一练

▲ 用指定词语或结构说明你的看法或意见：

1. 如何以解释方式向对方说明扩大保险范围的原因？

　　_____（是这样）

2. 如何以疑问方式向对方说明报价中已包括了保费？

　　_____（是这样）

3. 如何以认可方式同意对方说的有道理，并提出新的意见？

　　_____（是这样）

二 答一答

▲ 马希拉和罗建军如何强调说明仿古家具的保养方法很重要?

背景广角

1. 根据中国保险条款（C.I.C.）的规定，中国海运货物险别分为哪几类?
According to China Insurance Clause (C.I.C.), what types of insurance can marine cargo be categorized into?

答：根据中国保险条款（C.I.C.）的规定，中国海运货物险别分为两大类。如下表：
According to C.I.C., there are two types of marine cargo insurance as follows：

险 别 Insurance Coverage	险 种 Risks	承保范围 Coverage
基本险 （主险） Basic Coverage (Main Risks)	平安险 FPA (free from particular average)	因自然灾害而造成的全部损失； 因意外事故而造成的部分或全部损失 Only total or constructive total losses of the whole consignment of cargo resulting from natural calamities; Total or partial losses resulting from accidents
	水渍险 WA(with average)/ WPA (with particular average)	平安险；因自然灾害而造成的部分损失； 因意外事故而造成的部分或全部损失 FPA; Partial losses or damage resulting from natural calamities; Partial or total losses resulting from accidents.
	一切险 All Risks	平安险、水渍险和一般附加险 FPA, WA/WPA, General Additional Risks

险 别 Insurance Coverage	险 种 Risks	承保范围 Coverage
附加险 Additional Risks	一般附加险 （11种） General Additional Risks (eleven)	偷窃、提货不着险；淡水雨淋险；短量险；混杂、沾污险；碰损、破碎险；串味儿险；受潮受热险；钩损险；锈损险；包装破裂险 Theft, Pilferage and Non-Delivery-T.P.N.D; Fresh Water and/or Rain Damage; Shortage; Risk of Intermixture and Contamination; Risk of Clash and Breakage; Risk of Odor; Sweating and Heating Risk; Hook Damage Risk; Risk of Rust; Breakage of Packing Risk.
	特殊附加险 Special Additional Risks	战争险；罢工险；黄曲霉素险；交货不到险；舱面险；进口关税险；拒收险 War Risks; Strike Risks; Aflatoxin Risk; Failure to Deliver Risk; On Deck Risk; Import Duty Risk; Rejection Risk.

2. 什么是"除外责任"？

What is "exclusion"?

答："除外责任"是指保险人不负赔偿责任的范围，旨在划清保险人、被保险人、发货人及承运人等有关方面对损失应负的责任，便于分清保险人的责任范围。根据中国人民保险公司的《海洋货物运输保险条款》的规定，保险人对下列各项损失和费用，概不负赔偿责任：（1）被保险人的故意行为或过失所造成的损失。（2）属于发货人责任所引起的损失。（3）在保险责任开始前，被保险货物已存在的品质不良或数量短差所造成的损失。（4）被保险货物的自然损耗、本质缺陷、特性以及市价跌落、运输延迟所造成的损失或费用。（5）战争险和罢工险条款规定的责任范围和除外责任。

Exclusion refers to the coverage that an insurer is exempt from the liability of compensation. It is aimed at making a clear distinction among the specific responsibility of each party, such as insurer, the insured, consignee, and carrier, so as to clarify the responsibility of the insurer. According to Ocean Marine Cargo Insurance of the People's Insurance Company, exclusions cover: a. Loss or damage caused by the intentional act or fault of the insured. b. Loss or damage falling under the liability of the consignor. c. Loss or damage arising from the inferior quality or shortage of the insured goods prior to the attachment of this insurance. d. Loss or damage arising from normal loss, inherent vice or nature of the insured goods, loss of market and/or delay in transit and any expenses arising therefrom. e. Risks and liabilities covered and excluded by the war risks and strike risks.

3. 如果为货物投保，应以哪家保险公司的保险条款为准？

When having cargo insured, which insurance company's clause should be based on?

答：目前，中国通常以中国人民保险公司的"货物运输保险条款"为依据，简称"中国保险条款"，英文是 C.I.C.（China Insurance Clause）。有时国外客户要求按照英国伦敦保险业协会货物保险条款，即以"协会货物条款"（I.C.C. =Institute Cargo Clause）为准，中方也可以接受。

Currently in China, China Insurance Clause (C.I.C.) of the People's Insurance Company is generally adopted. In light of occasional claim by some foreign clients, Chinese party can also accept Institute Cargo Clause (I.C.C.).

4. 中国现行的 C.I.C. 条款与 I.C.C. 条款有何区别？

How is C.I.C. different from I.C.C.?

答：中国现行的 C.I.C. 条款是于 1981 年 1 月 1 日生效的，其内容从险别名称到保险范围与 1963 年 1 月 1 日生效的 I.C.C. 条款基本相同，但与 1982 年 1 月 1 日生效的 I.C.C. 条款不大一样。与 1963 年生效的 I.C.C. 条款相比，现行的 I.C.C. 条款无论在险别名称、承保范围和除外责任等方面都有较大的变化。

The current C.I.C., which came into force on January 1st, 1981, is basically the same as the I.C.C. that came into force on January 1st 1963, relative to their insurance names and coverage. However, it is different from the I.C.C. which came into force on January 1st 1982. Compared to I.C.C. of 1963, the current I.C.C. has made great changes in insurance names, coverage, exclusions and so on.

单元综合练习六

一 为加点的字选择正确的读音

1. 水渍（zī / zì）
2. 保质（zhì / zhǐ）
3. 绸缪（móu / miù）
4. 附加（fú / fù）
5. 差额（chā / chāi）
6. 保险（bǎo / pǎo）
7. 提供（gōng / gòng）
8. 费率（lù / lǜ）
9. 受热（rè / lè）

二 根据句子内容，选择正确答案（在合适的选项前画√，可选多项）

1. 海运货物主险应包括_____、_____、_____等三种险别。
   □平安险　　□水渍险　　□一切险　　□串味儿险　　□钩损险

2. 海运货物一般附加险包括_____和_____等两种险别。
   □一切险　　□串味儿险　　□钩损险　　□交货不到险

3. 若以_____价格术语成交，应由进口商办理投保手续。
   □FOB　　□FCA　　□CFR　　□CPT　　□CIF
   □CIP

4. 若以_____价格术语成交，应由出口商办理投保手续。
   □FOB　　□FCA　　□CFR　　□CPT　　□CIF
   □CIP

5. 衡量一个国家保险事业是否发达的重要标志是_____。
   □保险密度　　□保险深度　　□人口数量　　□GDP比重
   □工业化程度

三 为下列词语或句子选择合适的解释

1. 防患未然　　（　　）　　A. 先说不中听的话，提醒或警告对方。
2. 未雨绸缪　　（　　）　　B. 在事故或灾害未发生前采取预防措施。
3. 丑话说在前头（　　）　　C. 比喻事先作好准备。
4. 没什么好说的（　　）　　D. 无需再解释或说明。
5. 没什么可说的（　　）　　E. 不想谈（说）下去了。

四 用指定词语或结构改述下列句子

1. 看你这高兴的样子，肯定有什么好事。（满面春风）

2. 好，一言为定。双方各承担一半附加险的保费。（一锤定音）

3. 这怎么可能？你这样说，让我很为难。（是这样）

4. 我敢担保，这事一定能谈成。（打保票）

5. 真没想到，做工这么细，真是开了眼了。（大开眼界）

案例分析

【案情】
中国 G 公司以 CIF 价出口了一批货物，用玻璃纤维编织袋儿包装，由广州的黄埔港经香港转运到美国的旧金山。装运前，出口商投保了一切险。这批货物到达香港后，由华夏公司办理转运时，发现大部分包装破损，船方拒绝承运。为赶船期，华夏公司在香港雇工，重新更换包装，其费用为 9000 港元。事后，华夏公司将单据及有关证明寄给 G 公司要求付款，但遭到 G 公司的拒绝。

【要求】 那笔费用应该由哪一方来负担？为什么？选用下列词语或结构来说明：
从……来看 关键是 问题是 不是不 决非 我的意思是……

课上讨论

题目：根据本课案例，以强调的方式说明你的看法。

补充阅读

一、新中国保险业的发展

1949年，新中国建立的当年，于10月20日成立了中国人民保险公司，从而统一了国内的保险市场。20世纪50年代初，保险业处于大发展阶段，全国的分支机构达4600多家。在国民经济恢复时期，保险业大力发展国内外业务，除了实行国营企业财产强制保险外，还开办了运输保险、私营企业及公民财产保险、牲畜保险、棉花收获保险等。由于种种原因，1959年后中国停办了国内的保险业务。从1980年开始，国内的保险业务正式恢复办理，同时大力开展涉外保险业务。1990年，全国已有保险机构3060个，保险从业人员8万余人。当时，除中国人保外，还分别成立了太平洋保险公司、中国平安保险公司以及18个地方性的保险公司。1992年，美国国际保险集团（AIG）所属的美国友邦保险公司上海分公司正式开业，这标志着中国保险业逐步形成了一个多元化的市场格局。目前，中国保险业又有了新的变化，保险深度（人均保费）和保险密度（保费收入占GDP比重）不断提高。

二、经营之道

在泰康人寿保险公司的一间办公室里，下班后几个人正在聊天儿，在隔壁办公的董事长陈东升像往常一样加入了聊天儿的行列。大家不经意地谈起了空调，说起了民族家电企业的发展。公司品牌传播部副总经理郑燕说，她家刚刚买了三台国产品牌空调，因为听说厂家售后服务特别好。她买完空调的第二天，就接到厂家客户服务中心的"客户回访电话"。工作人员仔细询问了安装服务和空调运行等情况。当得知因冬天而没有试运行时，工作人员建议她还是让空调在短时间运行一下，以便发现是否有问题。两天后工作人员又来电话询问此事，当得知发现问题后，立即安排售后服务中心的维修人员上门修理。听到这里，大家无不感叹：一个企业的售后服务能在三天内解决一个用户的全部问题，还有什么不让客户放心的呢？

说者无心，听者有意。一个念头在陈东升的脑海中闪过：保险业是一个高度信息不对称的行业，也是高度依赖品牌的行业，太需要这样的服务理念和服务行动了。泰康人寿应该推行100%电话回访客户制度。在实行初期，公司遇到了一些阻力。因为它打破了原有的作业流程和模式，工作量增加了，短期内又难以看出成效。面对基层员工的不理解，陈董事长耐心讲解，积极推行，力图让"回访制度"成为企业员工的自觉行动。2000年，泰康人寿的第五家分支机构在成都成立。当时，成都分公司总经理邱希淳决定在成都市场上推行该项制度，以差异化服务打入当地市场，树立泰康品牌。当年4月，泰康成都分公司从第一张保单开始电话回访,并首先要求所有保险代理人签署"服务承诺书",内容包括如实告知、不代签名、不能阻挠客户犹豫期退保等。同时对客户进行100%的新契约回访,确认保险代理人为客户提供的服务是否符合承诺。在电话回访中,客户如果对保单条款或投保过程产生疑问,可以无条件退保;如果发现代理人存在误导、代签字的行为,公司马上将其开除。由于坚持以诚信为本的原则,在不到一年的时间,泰康成都分公司在成都保险市场上的业绩稳居第三。目前,"100%电话回访制度"已成为泰康人寿保险公司的经营特色之一。

【思考题】

1. 为什么郑副总经理谈起她家安装空调的事情?
2. 为什么陈董事长要在公司内推行"100%电话回访制度"?
3. 泰康人寿成都分公司成功的经验是什么?

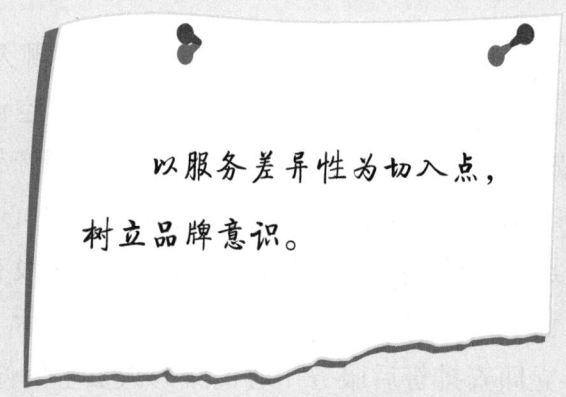

以服务差异性为切入点,树立品牌意识。

词 语 总 表

B			
班轮	bānlún	名	4/1
褒贬	bāobiǎn	动	1/2
保修	bǎoxiū	动	2/2
保养	bǎoyǎng	动	6/3
报关	bào//guān	动	4/3
变通	biàntōng	动	4/2
播放	bōfàng	动	2/2
博览会	bólǎnhuì	名	2/1
不一	bùyī	形	1/2

C			
财务	cáiwù	名	4/3
参展	cānzhǎn	动	2/1
舱位	cāngwèi	名	4/2
差额	chā'é	名	6/1
查询	cháxún	动	2/1
拆台	chāi//tái	动	5/1
缠身	chánshēn	动	1/3
敞开	chǎngkāi	动	1/3
车皮	chēpí	名	4/2
衬垫（儿）	chèndiàn(r)	名/动	5/2
承办	chéngbàn	动	2/1
酬劳	chóuláo	名	1/1
出马	chū//mǎ	动	1/3
出面	chū//miàn	动	5/1
船舱	chuáncāng	名	6/1
串味儿	chuàn//wèir	动	6/2

D			
搭配	dāpèi	动	3/2
打造	dǎzào	动	2/3
大驾	dàjià	名	2/1
代办	dàibàn	动	6/3
单据	dānjù	名	4/1
淡季	dànjì	名	3/3
淡水	dànshuǐ	名	6/2
点名	diǎn//míng	动	1/3
等级	děngjí	名	3/3
定局	dìngjú	名	3/3
订立	dìnglì	动	4/1

F			
发布	fābù	动	1/2
发泡	fāpào	动	5/2
反馈	fǎnkuì	动	2/3
返销	fǎnxiāo	动	5/3
仿古	fǎnggǔ	动	6/3
分内	fènnèi	形	1/1
封口	fēng//kǒu	动	5/1
风趣	fēngqù	形	5/1
蜂窝	fēngwō	名	5/2
福利	fúlì	名	1/1
附加险	fùjiāxiǎn	名	6/2

G			
高雅	gāoyǎ	形	2/2
公关	gōngguān	动	1/2

恭维	gōngwéi	动	5/3
公务	gōngwù	名	1/3
钩损	gōusǔn	名	6/2
购销	gòuxiāo	名	3/1
固执	gùzhi	形	1/2
关闭	guānbì	动	6/1
关注	guānzhù	动	6/2
光顾	guānggù	动	2/2
规格	guīgé	名	3/2
过奖	guòjiǎng	动	2/3
过时	guò//shí	形	1/3

H

含金量	hánjīnliàng	名	2/3
航线	hángxiàn	名	6/1
红木	hóngmù	名	6/3
缓冲	huǎnchōng	动	5/2
回收	huíshōu	动	5/2
毁约	huǐ//yuē	动	5/1
或许	huòxǔ	副	2/2
货源	huòyuán	名	3/3

J

集装箱	jízhuāngxiāng	名	4/1
加成	jiā chéng		6/2
检测	jiǎncè	动	3/1
间隔	jiàngé	动	4/2
健身	jiànshēn	动	1/3
僵局	jiāngjú	名	3/3
降解	jiàngjiě	动	5/3
胶带	jiāodài	名	5/1
届时	jièshí	副	5/2
紧俏	jǐnqiào	形	2/3
经手	jīng//shǒu	动	5/1
就职	jiù//zhí	动	1/2

K

空缺	kòngquē	名	1/2
空隙	kòngxì	名	5/2
宽敞	kuānchang	形	2/1
款	kuǎn	量	2/2
款式	kuǎnshì	名	3/2

L

类推	lèituī	动	4/2
廉	lián	形	3/3
零售	língshòu	动	3/2

M

唛头	màitóu	名	5/2
蛮	mán	副	2/3
冒犯	màofàn	动	5/3
面料	miànliào	名	2/3
免冠	miǎnguān	动	1/1

N

内陆	nèilù	名	6/3
宁肯	nìngkěn	连	5/1

P

排除	páichú	动	6/1
徘徊	páihuái	动	3/2
排解	páijiě	动	1/2
拼箱	pīn xiāng		4/1
品尝	pǐncháng	动	3/2
品位	pǐnwèi	名	3/2
聘用	pìnyòng	动	1/1
破例	pò//lì	动	3/2
破裂	pòliè	动	6/3

Q

期价	qījià	名	3/1
前期	qiánqī	名	1/1

欠产	qiàn//chǎn	动	4/2
缺口	quēkǒu	名	3/3
确凿	quèzáo	形	4/3

R

绕弯子	rào wānzi		1/2
入口	rùkǒu	名	2/2

S

散装	sǎnzhuāng	形	5/3
杀毒	shā//dú	动	2/2
上浮	shàngfú	动	4/1
上司	shàngsi	名	1/1
深加工	shēnjiāgōng	动	3/1
升级	shēng//jí	动	2/2
胜任	shèngrèn	动	1/1
实物	shíwù	名	6/3
水准	shuǐzhǔn	名	2/1
收据	shōujù	名	4/3
手感	shǒugǎn	名	3/2
授权	shòuquán	动	6/3
缩水	suōshuǐ	动	3/2
损耗	sǔnhào	动	6/1

T

提升	tíshēng	动	3/3
条带	tiáodài	名	5/2
跳槽	tiào//cáo	动	1/3
团队	tuánduì	名	1/1
拖延	tuōyán	动	4/3
吞吐	tūntǔ	动	4/1

W

瓦楞	wǎléng	名	5/1
外观	wàiguān	名	2/1
尾声	wěishēng	名	2/3

乌龙茶	wūlóngchá	名	5/3
无常	wúcháng	形	6/1

X

喜鹊	xǐquè	名	5/1
系列	xìliè	名	3/2
下滑	xiàhuá	动	3/1
险别	xiǎnbié	名	6/1
现货	xiànhuò	名	2/3
相关	xiāngguān	动	2/3
橡胶	xiàngjiāo	名	3/3
销路	xiāolù	名	2/2
小瞧	xiǎoqiáo	动	3/3
携带	xiédài	动	2/2

Y

延迟	yánchí	动	6/2
延期	yán//qī	动	4/1
眼界	yǎnjiè	名	6/3
羊绒	yángróng	名	3/2
引荐	yǐnjiàn	动	1/1
营销	yíngxiāo	动	1/2
应聘	yìngpìn	动	1/1
预测	yùcè	动	3/1

Z

造型	zàoxíng	名	2/1
榨	zhà	动	3/1
沾污	zhānwū	动	6/2
展台	zhǎntái	名	2/1
招聘	zhāopìn	动	1/1
朝阳	zhāoyáng	名	2/3
折叠	zhédié	动	5/1
征收	zhēngshōu	动	4/3
整箱	zhěng xiāng		4/1
职责	zhízé	名	1/2

滞纳金	zhìnàjīn	名	4/3		咨询	zīxún	动	2/1
中介	zhōngjiè	名	1/3		自行	zìxíng	副	5/3
主险	zhǔxiǎn	名	6/1		字样	zìyàng	名	4/3
注册	zhù//cè	动	5/3		走高	zǒugāo	动	3/1
抓瞎	zhuā//xiā	动	4/2		做东	zuò//dōng	动	1/3

专 有 名 词

爱知世博会	Àizhī Shìbóhuì	2/3		墨尔本	Mò'ěrběn	4/3
广交会	Guǎngjiāohuì	2/3		塘沽	Tánggū	4/3
海口	Hǎikǒu	3/3		维多利亚州	Wéiduōlìyà Zhōu	4/3
荷兰	Hélán	4/1		**人 名**		
宏昌集团	Hóngchāng Jítuán	1/1		爱特·威廉	Àitè · Wēilián	5/1
呼和浩特	Hūhéhàotè	4/3		单萍	Shàn Píng	3/2
捷克	Jiékè	6/3				
联想	Liánxiǎng	2/2				

熟 语 总 表

	B	
别说……就/连……也……	bié shuō ……jiù/lián ……yě……	6/3
不见兔子不撒鹰	bú jiàn tùzi bù sā yīng	4/2
不尽如人意	bú jìn rú rényì	2/1
不怕不识货，就怕货比货	bú pà bù shí huò, jiù pà huò bǐ huò	2/2
不在其位，不谋其政	bú zài qí wèi, bù móu qí zhèng	5/1
不期而遇	bù qī ér yù	2/3
	C	
财神爷	cáishényé	2/2
车到山前必有路	chē dào shānqián bì yǒu lù	5/1
丑话说在前头	chǒuhuà shuō zài qiántou	6/2
出门看见喜鹊	chūmén kànjiàn xǐquè	5/1
从一而终	cóng yī ér zhōng	1/3
	F	
防患于未然	fáng huàn yú wèi rán	6/1
	G	
各打五十大板	gè dǎ wǔshí dà bǎn	1/1
刮目相看	guāmù xiāng kàn	4/1
	H	
害人害己	hài rén hài jǐ	3/1
货卖一张皮	huò mài yì zhāng pí	5/3
	J	
计划不如变化快	jìhuà bùrú biànhuà kuài	1/2
锦上添花	jǐn shàng tiān huā	3/2
	L	
来日方长	láirì fāng cháng	4/1
老天不作美	lǎotiān bú zuò měi	4/2

力不从心	lì bù cóng xīn	3/1
良禽择木而栖	liáng qín zé mù ér qī	1/3
良莠不一	liáng yǒu bù yī	2/3

M

满载而归	mǎn zài ér guī	2/2
没有金刚钻，不揽瓷器活	méiyǒu jīngāng zuàn, bù lǎn cíqì huór	5/3
没有比……再／更……的了	méiyǒu bǐ……zài/gèng……de le	6/1
美中不足	měi zhōng bù zú	2/3

N

你看	nǐ kàn	5/2
你看吧	nǐ kàn ba	5/2

P

赔本赚吆喝	péi běn zhuàn yāohe	3/2

Q

轻重缓急	qīng zhòng huǎn jí	4/3

R

燃眉之急	rán méi zhī jí	4/2
人尽其才，物尽其用	rén jìn qí cái, wù jìn qí yòng	1/2
人无完人	rén wú wánrén	1/2
如愿以偿	rú yuàn yǐ cháng	1/1

S

三顾茅庐	sān gù máolú	1/3
僧多粥少	sēng duō zhōu shǎo	1/1
伤脑筋	shāng nǎojīn	4/3
舍近求远	shě jìn qiú yuǎn	3/1
是这样	shì zhèyàng	6/3
说不好	shuō bu hǎo	2/1
素有……之称	sùyǒu……zhī chēng	4/1
随行就市	suí háng jiù shì	3/3

T

天有不测风云	tiān yǒu búcè fēngyún	6/1

W

未雨绸缪	wèi yǔ chóumóu	6/2
我说的嘛	wǒ shuō de ma	3/1
无话可说	wú huà kě shuō	3/3

X

相约不如偶遇	xiāng yuē bùrú ǒu yù	2/3

Y

羊毛出在羊身上	yángmáo chū zài yáng shēnshang	3/2
依我看	yī wǒ kàn	5/2
一个巴掌拍不响	yí ge bāzhang pāi bu xiǎng	1/1
一举两得	yì jǔ liǎng dé	2/1
一锤定音	yì chuí dìng yīn	6/2
远看色彩近看花	yuǎn kàn sècǎi jìn kàn huā	5/3

Z

怎么搞的	zěnme gǎo de	4/3
知己知彼	zhī jǐ zhī bǐ	3/3